為什麼我們總是愛錯？

梳理你的原生家庭，
走出鬼打牆的愛情。

諮商心理師
莊博安——著

FOREWORD

推薦序

一本不灑狗血，但卻深刻描繪出常見的現世愛情小說
一本不談理論，但卻蘊含深度心理學的愛情解析專書

愛情故事從古至今從未停演，相信未來仍會一直上演著，不論在文學、藝術，或你我的真實生活中。若真能鑑古推今、記取教訓，為何還有如此多的愛情糾葛呢？也因此，在心理學、心理諮商／治療的科學領域中，對於愛情關係的論述與研究風起雲湧、百花齊放。

美國精神科醫師斯提芬・卡普曼（Steve Karpman）提出戲劇三角理論（Karpman Drama Triangle），說明人類社會中各式各樣的人際互動方式，尤其描述彼此糾紛的形式。該理論將人際互動區分為三種角色：迫害者、受害者、拯救者。這三個角色不只說明三種人的互動形式，也可以套用在一個人身上，說明在不同情境或時間點上，這三種角色的轉換。

而博安運用擅長的生命敘事方法與心理諮商專業知識，將其實務工作中常見的愛情場景分為三大類愛情生命故事，並賦予每個故事主人翁一個凸顯的角色——拯救者、受難者、逃避者，一一分析其內在心理歷程，包含最深層的「需要愛」的渴望，以及用哪些策略來取得「被愛」的感覺。雖然博安提出的三種角色行為模式與卡普曼不同，但更能看出博安對愛情關係的深層觀察與領悟。

讀者可以如讀小說或故事般進入本書中各個愛情故事，也需要跟著博安的心理分析，一一理解伴侶間的互動方式、不同愛情階段的角色轉換，以及其內在心理需求與行為模式的成長歷程。這些理解不是要歸咎或責備誰，包含原生家庭的父母／主要照顧者，而是期待讀者透過深層覺察理解自己的心理需求與行為模式後，能以更成熟或自我負責的方式來獲得愛。本書第四部提供完整的說明與多種具體做法讓讀者練習，一定不要錯過！

——政治大學、東吳大學心理系兼任副教授／修慧蘭
（曾任諮商心理師公會全國聯合會副理事長）

FOREWORD

推薦序

走出負面循環的劇本：在愛情裡，活出真正的自己

你有沒有過一種經驗是，在一段感情裡，愛得愈來愈不像自己？你可能在和對方的相處當中，逐漸展露出你最脆弱、最黑暗的一面；也可能在不知不覺中，掉入了對方的陷阱。本書作者博安認為，常見的情況有下面幾種：

1. 拯救者：過度付出，好像要掏心掏肺把畢生所有的「好」都給出來一樣。

2. 受難者：過度依賴，把對方當作生活的中心，好像沒有對方就會死一樣。

3. 逃避者：過度疏離，忽遠忽近，有時候人間蒸發，有時候又裝沒事。

上面這三種情況，你想到的人可能是你自己，也可能是對方，甚至，你或對方會同時符合上面幾種狀況的任何一種以上。更複雜的是，如果把這三種人「捉對廝殺」，會組合出六種不同的劇本。

這三種並不是獨立的概念，而是互相「抓交替」，甚至互相重疊，比方說在感情裡經常出現的「焦逃配」，可能就是「拯救者／受難者」（焦慮依戀）與「逃避者」（逃避依戀）的組合。前者會不斷追逐、試圖抓住對方，甚至表現出自己很可憐、在關係裡是受害者；後者可能會透過不斷逃跑，然後偶爾「回來一下」舒緩關係的焦慮，結果讓這段關係歹戲拖棚。

從老掉牙的劇本畢業

如果你也曾經遇過這樣的人，或者你自己正在這樣的關係當中，那麼恭喜你，你已經做到了第一步，就是辨識自己正在這個劇本裡。再來要做的事情就是「改變」——兩個人只要有一個人做出改變，關係的動態就會變得不同。

說得容易，要如何改變呢？

這本書提出七種應對策略，如果用「過去、現在、未來」來區分的話，可以整理出下面的表格：

回首過去	① 回顧目前的戀愛與「自己和父母關係」的相似之處。 ② 檢視「愛的路徑」。 ③ 回憶每一段關係的情緒感受。
著眼當下	④ 動手寫下情緒炸裂的時刻。 ⑤ 畫下「關係中的惡性循環」。
展望未來	⑥＋⑦透過前面的反省，在新事件出現的時候選擇為關係和自己「做不一樣的事」。

從上面的表格你可以發現，每一個現在都是由過去的經驗所交織而成；每一個現在也都會影響兩人之間的未來。所以跳脫出負面迴圈最有效率的方式，就是從

過去的互動關係當中，找出自己的盲點，從每一刻和對方的相處裡面，找到自己的「情緒痛點」。

就像作者所說的，有時候我們一直忽略問題，並不是因為問題不存在，而是因為我們不讓自己「感覺到痛」。當你開始能夠感受到這段關係對自己的傷害；當你可以承認自己有一些不舒服的地方；當你願意看見自己不斷付出、不斷逃跑、不斷扮演受害者，其實是有一個更深的需求沒有被滿足，那麼或許你就不需要再靠那些防衛機轉來維繫某些「面具」，反而可以用更真誠的方式來對待彼此。

關係的建立和維持是一條漫長的路，認識自己也與之同行。讓我們和博安一起透過這本書，走出過往的劇本，走向那個不需要假裝、不需要勉強、不需要把童年經驗拿來模仿，只需要真誠做自己的安穩彼方。

——心理學作家／海苔熊

FOREWORD

推薦序

你，就是愛本身

「心理師，我好討厭每次失戀的時候，身邊朋友一直叫我要『愛自己』，他們老是告訴我：『你要先愛自己，別人才會愛你。』」凱西對我說。

「聽到他們這樣講，你的感覺如何呢？」我回。

「我很生氣，好像我把自己過得很糟，好像失戀是我的錯……而且我很討厭得符合某種遊戲規則，才會被別人喜歡的感覺……」凱西低下頭，嘴角抽動了起來。

的確，「愛自己」是近年來的老生常談，經過明星、名人、心理師、各類專家的推廣，每個人都會將它掛在嘴邊、PO在臉書上，變成宣示「我過得很好」的手段；但大部分的人並不理解「愛自己」的定義，以為是讓自己更美、更健康、更成功、更富有⋯⋯反倒被這些外在標準所束縛，更難與自己和平共處。

博安心理師和我都認為，愛自己不只是做那些讓自己舒服開心的事，反而需要「深度的自我認識」，你得帶點勇氣，面對原生家庭帶來的創傷，覺察它們如何影響著你的信念，進而複製了有毒的模式，在你當前的戀情貼上。

這使我憶起，與現任伴侶交往的初期，我是個一吵架就失能的人。一旦對方的聲音開始變大、表情變得惱怒，我就能明顯感受到自己「當機」，身體僵硬、不知所措，一心只想逃走。這時候，對方總會變得愈來愈火大，更大聲逼問我：「妳到底是怎樣？妳說啊！」

在一次深度自我探索的經驗裡，我回溯兒時，爸媽吵架特別大聲，我都會跑到陽臺蜷縮著，那裡是家裡最聽不清楚吵架聲音的位置，但我心跳依然很快，等待那場架結束的一刻。我很害怕，但啥也做不了，因此我學會的，就是「逃」。

長大之後，眾多關係類的書籍都教導我們情緒會破壞感情，得「理性溝通」才對，這讓我更加堅信：「嗯，我絕對不要大小聲，那無濟於事。」往後，一旦伴侶不開心，我就會安靜，甚至悠悠地說「等你比較不氣一點我們再來討論」，現在才曉得，那樣逃避的我，有多傷人，而看似淡定的模樣，其實比誰都更害怕受傷。

認識並承認自己是個「逃避者」後，反而是我和伴侶感情升溫的契機。我開始跟另一半溝通，當我當機的時候，不是不愛他，而是我感到害怕，需要一些時間恢復，恢復後我也願意好好地傾聽對方、表達自己。我們都無須成為完美情人（誰又真的是呢），只要帶著覺察，每一對伴侶都能發展出最適合彼此的互動模式。

博安在這本書裡，用清晰的案例讓讀者逐漸發現自己可能是「拯救者」、「受難者」或「逃避者」，一旦清晰地看見自我，就有鬆動慣性的可能。雖然，這個探索過程並不會太輕鬆，卻能讓你愈活愈輕盈，真正開始享受愛的美好。

我很喜歡博安在書中的這段話——「一份成熟踏實的情感是：『我希望你能夠愛我，而我也會持續愛我自己。』」愛自己從來就不是為了讓別人愛我們，既自我負責，也真誠地表達需求，不必再對愛費力索求或假裝不在乎。

因為，你，就是愛本身。

——諮商心理師、《活出你的原廠設定》作者／蘇予昕感情的世界中，我們總把自己塞進瓶子，扔進大海，像是瓶中信一般漂流，以為會浪漫地漂到彼岸的小島，被最具詩意的人撿起、閱讀，殊不知偏執的洋流早已替它決定方向，朝著相反的路徑漩去。

於是，我們從家庭的岸離開，持續漂流，在每一塊感情的浮木上停靠，讓自己不會墜於深海中破碎。

但，每一次相遇都只是過渡，每一個暫留都被錯認成永恆。

曾經的暫留之處，以為是可靠的岸。曾以為的靠岸，如今都像擱淺。

深度心理諮商中，了解的不只是你的情感流轉到哪裡，或是被哪個人撿起，更多的是感受那一股暗流如何推著你，挾持著止不住的浪花前行，讓你沒有一處可以停留。

透過這本書，我們一同進入情感的潛意識深海，重新找到得以落腳的地方，讓自我不再漂流。

PREFACE
前言

踏進心理諮商的領域後，碰到的個案類型愈來愈多：學生或上班族、企業中各層級員工或高階主管、未婚已婚離婚的社會人士。而談論的問題也五花八門：伴侶吵架鬧分手、夫妻性愛過程無法溝通、情緒痛苦到只能用暴食發洩、在二十三樓樓頂上猶豫是否要跳下去。他們都是正常人，只是在生活中碰到難關，而原本的方法不適用了，被迫激起強烈的情緒，產生了現在的困難。更令人難過的是，這些困難無法得到身旁的人支持，或擔心被貶低而不敢說出口，反而造成更大的難受。

每個人都有自認為奇怪的祕密，有沒有說而已。

種種議題的背後，我們需要仔細探討其原因、過程、解決方法。而不論是憂鬱、焦慮，或是妄想，千百項議題背後——大都是因為缺乏「愛」。

這邊說的未必是伴侶的愛，也包括社會中各種來源的關注、肯定、友善對待。其中，最初也最令我們深刻牢記的，肯定是來自家庭的親情愛，也就是有沒有得到家人的溫暖、安然自在的相處，以及妥善的照顧。這將展現在成長過程的人際關係中，也就是會挑選到什麼樣的朋友、如何和人聊天互動、安全感是否足夠，以及情緒穩定的程度。

再往前走一些，才來到了親密關係的愛。這是最貼近內在，也可能是此生最為強烈的愛，因為有著身體與心靈的雙重連結。柏拉圖式戀愛不是不可能，但人類仍會受到腦神經傳導物質的影響，不可能牽牽手就滿足。當有更多肢體接觸，身體會釋放更多愉悅與放心的元素；加上文化上婚姻與關係的獨占性，使得我們好像可以將下半輩子交給另一半，可以把最私密的故事告訴另一半，對方可以成為令我們放心的那個人。

家庭與伴侶這兩種親密關係影響甚鉅，甚至是形成「現在的你」的主因，也肯定是造成你生活中各種困擾的關鍵，所以這本書中，才會以此為主題來談論「愛」。

只是，身處這個時代，家庭輕易成為一個名存實亡的詞彙。當我們需要依靠，若沒有最初的家，便會外求，把所有希望與重量依靠在另一些東西上。對某些人來說可能是工作、酒精、電動遊戲；而對另一群人來說，是愛情。

我相信愛情占了多數，畢竟相較於其他依靠物，它有溫度，可以觸碰到我們的心，像是在深處點一盞火苗，就能傳遍全身，起著雞皮疙瘩的感動。

若缺乏原生家庭的愛，我們會想找到一個完美的對象來彌補，並開始相信愛情可以彌補原生家庭的不足，甚至愛情可以完全取代原生家庭，成為另一個依靠，於是將重心轉移到愛情上，愈放愈多。

也難怪，分手時我們會如此的傷心，因為沒有其他依靠像愛情一樣令人傾心、令人感到完整的親暱。儘管是親近的朋友，但終究不是讓你願意把自己交出去的人，對方也有自己的伴侶或家庭。在許多人眼中，只有愛情的獨占性能夠填滿內心的空缺。所以在心理諮商中，我聽到好多人這樣描述：「**我想找一個可以完全照顧自己的人。**」

在原生家庭中，當孩子沒有被父母真正接納與照顧，往後的他也就難以接納與照顧自己，因為覺得自己是不好的，都是自己的錯，會給他人帶來麻煩，是一個不值得被愛的人。**這樣的孩子從來沒有被當作一個人**。當他想哭的時候會被說「不准哭」，想生氣的時候會被嚴厲制止，焦慮的時候會被嘲笑或挨打。**身為一個人，若無法以最自然的方式被接納，就會竭盡所能找到能被接納的方式**。因為他需要連結，需要目光，需要愛。

對一個孩子而言，若沒有連結，他將不曉得自己無力時歸屬何方。若沒有目光，他將難以判斷自己的是非對錯，也無法替自己驕傲與難過。若沒有愛，他就只能將這些困惑與失落傾倒回內在，被孤單一點一滴啃噬。

相反的，在一個健全的家庭當中，父母會接納孩子最基本的人性，認真看待他的需求，安撫他的焦慮；孩子也會因此學習同樣的方式，長大後能善待自己。

這是我們學習而來的思維與模式，如果可以探究其根源，重新整頓，才能再次於生活中找到安身立命的態度。那時候，去愛一個人，就不是因為自身心靈的缺陷渴望被滿足，而是因為能夠發展出更具有創造力與共鳴的關係，產生實質的愛。

情感的軌跡

傳統文化中，父親經常是批判者，也是家庭中屬於逃避情緒的角色，比較嚴厲、難以給予溫暖。這使孩子一方面感受到冷漠，不斷想從父親那裡感受到愛，所以不斷付出；另一方面，也模仿到父親的逃避，變成一個排斥情緒的人。所以，當孩子渴望父親的接納，就容易成為一個討好者；當孩子討厭父親，就容易感受到自己是一個被處罰的受難者。

相反的，母親經常是收拾善後的受難者，孩子也總是需要承接她的情緒。這使孩子一方面同情母親，一起埋怨父親；另一方面，也默默責怪母親沒用，產生疲憊厭惡的情緒。所以，當孩子渴望母親的接納，會去分擔那份苦，容易變成一個家庭拯救者；當孩子厭棄母親，不想再承接了，於是容易變成一個情緒逃避者。

即使現在多元文化的愛情並非傳統的生理男性與女性角色，但若不是一段健康的關係，伴侶的相處仍舊容易維持高度緊張的情緒衝突狀態。這個環境下，為了生存，孩子還是會選擇走向其中一邊，帶著救援與關懷的心，共同譴責另一方的不是。孩子的潛意識也學習到其中一方的態度，帶著這個家庭模式的痕跡，長大遇見第一位伴侶，再將這種模式還原，然後分手後再遇見第二位、第三位、第四位，想要擺脫不適合的愛情……直到某天，共組一個新家。

只是他始終哀鳴與困惑，為何走遍了所有的路，卻仍舊找不到那個他所期盼的「家」。

3種情感角色

我在本書中統整了各種案例、自身經驗、書籍文獻，將「對愛的渴望」歸類為三種角色，分別是：

1. 拯救者：透過大量付出，期望幫助對方，進而得到愛的回報。

2. 受難者：總是感到受傷，承受著痛苦的不安，期望得到愛的救贖。

3. 逃避者：過於害怕受傷，與情緒和情感隔絕，卻又總是遠觀愛的可能。

多數人不會只是單一類型，大多情況下，三種狀態同時存在心中，只是在當前的階段，其中一種角色會特別鮮明。它會因為你遭遇的事件、被對待的方式、重整與反思而產生輪轉。常見的狀態是：

1. 你原本是拯救者，但愛到極度疲憊，成為不斷指責情人的受難者，又在分手後對一切疲乏，成為感情的逃避者。

2. 你原本是受難者，但遇到一位更脆弱的情人，於是轉變為提供他溫暖的拯救者，或成為無法再承接任何情緒的逃避者。

3. 你原本是逃避者，但遇到一位有著無限耐心的情人，逐漸發現可以將自己交出去，而成了過度依賴的受難者。

角色與健康的感情並沒有直接的關聯性，角色的強度才有關聯。

在健康的關係中，你心中的角色性格逐漸變得隱微，很少在溝通中產生困擾，雖然仍舊感到總在付出、容易不安、想要避免情緒，但你已經可以掌控自己，不會輕易做出傷害這段關係的言行。相反的，在痛苦的關係中，也是將這些角色特質發揮到極致的時候，一旦分手，還是難以擁有下一段健康的關係。由於本身某種角色性格過強，與強度較低的人不容易相互吸引，即使在一起也容易因為極端性格的干擾，使得感情走向其中兩種角色的極端互動，像是：

1. **和拯救者交往：**容易被「寵壞了」，而在關係中不自覺變成受難者或逃避者，不是非常依賴對方，就是逃避令人窒息的關係。
2. **和受難者交往：**容易因為對方的不安太強烈，而成為拯救者或逃避者，不是被逼著大量奉獻和付出，就是乾脆離開這段關係。
3. **和逃避者交往：**容易因為對方的疏離，無意間進入拯救者或受難者的模式，不是想不斷討對方開心，就是變得自卑委屈。

角色性格會反映在感情中、生活中、親密的人際關係中。這些都是從小培養起的人格特質，也是與人互動的潛意識劇本。而父母作為我們最初與往後的深度互動者，因此才說，**家庭與愛情的連結特別重要，它會持續影響我們看待一段感情的方式**。

因此，書中的主要故事中，不會只看見主角單方面的情感與童年，而會在下一個故事中，看見前一個故事的配角如何被另一個角色相中，由於強烈缺乏愛，導致他成為下一個故事的主角，並且看到他的情感模式和童年經驗。本書將深入分析六位角色，透過故事看見他們如何在情感的輪迴中流轉。

極為重要的提醒是，當我們討論父母對自身的影響時，絕不是為了要苛責父母當初的行為。我相信沒有人真心想要傷害另一個人，尤其在最親密的關係中。**造成傷害的人肯定也曾經被傷害，但這不能成為免責聲明，畢竟在你心中的痛也是如此真實**。探索過去的重要意義是，理解為什麼過去會被如此對待，並且看見如何成為現在的自己，才可能不再重蹈覆轍，從原有的痛苦關係中真正跳脫出來。

另一方面，同樣重要的是，即使生命早期的互動決定了未來主要的性格發展，尤其是原生家庭深度影響了後續的愛情關係，但不可否認的是，嚴重的新挫折也會導致負面發展，例如：初戀五年的對象劈腿、愛情長跑十年的對象意外過世、婚姻中不斷被對方家庭身心虐待，都會對你如何看待「愛」有著強烈而深遠的影響。

畢竟，有些事情只要遇過一次，就會烙下瘡紅的傷疤。

你對這本書的期待是什麼？

最後，我不希望你誤以為這是一本有「解答」的書。我相信網路上已經有太多解答了，每一本書也都在告訴你解答，但我們總是難以做到。因為若沒有經過深刻的思考，解答就像是個未解壓縮的檔案，你無法真正地使用。

因此，這本書透過不斷探問的故事和對情感的反思，希望你停下來思考，什麼是你要的愛。

感情本來就沒有所謂的解答。只有不斷經歷甜蜜感受和反芻痛苦，親身在當下使勁地愛過，又如千萬支箭穿過心臟地痛過，然後，某一天坐在電腦前，播著底下留言「不知道被劈腿過多少次才寫得出這種詞」的音樂，突然懂了些什麼，而開始覺醒，並不是「我發誓再也不要……」的起手式，而是緩緩道出：「**我想要一個人，感情可以慢慢來。**」這個時候，才得到某種釋懷的體驗。

這不是一種解答，因為解答是一個速成的獲取，這種狀態是積年累月的聽與看、身心感受與腦袋飛馳，打從內心決定不再踩著同一步調，逐漸蛻變為釋懷與醒悟。

我希望這本書，能夠在這個蛻變的體驗中，作為一盞燭火，發揮一點作用。

因為在這一個瘋狂快速的世界，我們會產生種種問題和困擾，或許都是源自於沒有愛，害怕愛，失去愛，導致我們成為渴望愛的人。

Contents 目次

Part 1

第 1 部　「拯救者」的愛

Chapter 1

第 1 章　「你過得好慘，我願意為你付出，
我可以幫你！」

STORY 1

拯救者 欣宜 vs. 受難者 宗勳

欣　崇　宗　芹　允　志

過度付出

Part 1 「拯救者」的愛

Chapter 1 「你過得好慘，我願意為你付出，我可以幫你！」

STORY 1

拯救者 欣宜 vs. 受難者 宗勳

欣 宗

「我要怎麼救他？」

這是欣宜初次諮商時，見面說的第一句話。

事實上，我們前十次的諮商都環繞在如何拯救她的男友，儘管我想要把討論拉回欣宜身上，因為似乎存在著更大的問題，但她的執念相當頑強，我只能先聆聽與同理。

他們的第一次相遇在機場，那是一段巧合。

欣宜一路以來感情顛簸，當時又再次被分手，正想出國到泰北一個人靜一靜。她在飛機上碰到宗勳，他還在婚姻關係中，但認為老婆整天只想著工作和小孩，不夠在乎他，因此兩人常有爭吵，於是他第一次興起當背包客的念頭，離家出走。

可以想見，感情中極為不順遂的兩人，能分享的慘澹過去說多少就有多少，肯定不夠一趟飛機聊完。這幾個小時的互相憐憫，欣宜和宗勳都有種被了解的認同感，因此欣宜鼓起勇氣詢問他是否願意去住同個地方，可以有更多的聊天時間。宗勳欣然同意。

當晚喝了酒，吐露的心聲更多了。欣宜的媽媽在她小學就過世，從小必須學會照顧自己，還有年幼的妹妹。而爸爸又是個從不回家的人，很少給予孩子關愛。她從小就渴望愛情，希望重新組成一個家，所以和第二任男友交往時付出很多心力，結果交往六年的感情竟然被劈腿！但欣宜不怪他。她了解當時對方工作壓力太大，最後和平分手。只是在後續的男友身上，再也找不到愛的感覺，她幾乎要放棄愛情，覺得會一輩子孤單老死。

這些話讓宗勳頗有感觸，聽著聽著竟然哭了。欣宜頗為驚訝，但兩人也心有靈犀地笑了一下。

宗勳用酒吧的餐巾紙輕輕抹去眼角的淚水。身處在雙親健在的家庭，他卻從來不知道「愛」是什麼感受。從小家中窮困潦倒，爸爸只會喝酒，也曾多次拿酒瓶砸他的頭。媽媽長期罹患躁鬱症，毫無心力關照小孩，躁期會和老公互相毆打，鬱期則整天拿著刀要割腕或喊著要跳樓。姊姊和哥哥則在高中經歷這一切，上大學後再也沒有回家過。當時宗勳小學六年級，只能獨自躲在房間裡恐懼。所以他早早交了女友，想要逃出那個鬼地方。他也想組一個家，當初大學畢業時女友意外懷孕，於是當場向女友求婚，成為現在的老婆。其實他們相處不到半年，他感嘆不該這麼衝動，應該看得更清楚。他責怪自己，是自己不好才釀成婚姻不順。

宗勳有一股陰鬱的氣息，彷彿是這個世界上最淒涼的人。他說這些話時，雖然面向欣宜，眼神卻盯著酒杯中的威士忌，偶爾搖晃，偶爾溫柔地輕放，只有少數時候瞄著欣宜。被對到眼時，雖然不願離去卻又將視線硬拉回酒杯上。

欣宜深深地同情他，儘管認定自己已經夠可憐了，眼前這個人的遭遇竟然更悽慘。當晚她付了酒錢，拉著宗勳進入房間。

失控期

回國後兩人十分甜蜜，欣宜每天會傳許多感情類的文章給宗勳，也會主動借錢給他，有意無意地勸他離婚。然而宗勳的財產全都交給老婆保管，一時間也對婚姻沒轍，但他承諾會盡速辦理離婚，和欣宜在一起。

兩人先是同居。起初宗勳會主動打掃家裡，外出找工作。久了之後欣宜發現他每天睡到下午，起床後打電動到晚上，接著又出門喝酒到凌晨才回來。欣宜覺得宗勳前陣子壓力太大，讓他放鬆一下也好，儘管家裡亂糟糟的，到處都是空酒罐，她仍會來收拾。宗勳從小沒有被愛過，也不曉得如何去愛人，但每晚回家仍記得親吻欣宜的額頭一下，這對他來說已經很不容易了。

然而兩人相處的時間愈來愈少。欣宜告訴自己，事情會慢慢好轉。

宗勳沒工作的這段時間，家中一切開銷都由欣宜支付，每月資助他數萬元。但這些錢似乎不足以負擔他的酒錢，因為他上夜店總是最大方的那一個，包辦所有包廂費和開瓶費。欣宜理解他需要這些朋友，需要有歸屬感，讓他快樂是最重要的事情，即使每月薪水不夠支出，必須解除原本的投資型保險來應付，她仍舊說服自己：賺的錢不就是要花在愛人身上嗎？她付得心甘情願，還主動問宗勳錢夠不夠用，不時偷塞幾千塊到他口袋，順便附上熬夜撰寫的小卡片，希望他能開心。

只是，隨著開銷愈來愈大，欣宜每個月能多給的錢到了極限。有一晚，宗勳醉醺醺地開始咆嘯，認為欣宜不夠愛他，認為欣宜是工作狂，都沒有撥出時間來陪伴他，認為欣宜愛自己比較多，並沒有把他放在第一位。

欣宜聽了有點惱怒，反過來質問：「我為你付出這麼多了，每個月給你錢花，打掃整個家，難道這樣還不夠嗎？」

「那妳說，妳是不是都在工作？我想要找妳的時候妳都在哪？妳以為我想要每天出去喝酒嗎？不都是因為妳不在身邊，我好想妳，又沒有人陪，只好出門找朋友。」

欣宜聽了有些愧疚，她的確都在工作，但這不都是為了要賺取兩人的生活費嗎？然而她說不出口，只覺得情緒很複雜，卻也不能繼續這樣下去。她無法忍受被指責沒有付出，一氣之下索性說出：「好，那我把工作辭掉，我們的積蓄還夠用，我陪你一起找工作！」

宗勳聽到她願意為了自己犧牲，原本的生氣激動轉為感動落淚。

儘管欣宜的心中五味雜陳，但喜悅的情緒是最明確的，因為她終於又讓宗勳重新感到被愛，她做到了！於是微露興奮，再加碼：「我們最近壓力太大了，不如再一起出去玩一趟吧！」

宗勳伸手抱緊她，緊到欣宜快要窒息，但她很開心，她知道這是宗勳感到被愛的表現，所以也用細嫩的小手環抱回去。

崩盤期

剛開始的生活十分幸福，因為不用工作。欣宜每天早上買咖啡和早餐回來，想讓宗勳一起床就感受到自己的心意，只是後來食物都冷掉了他卻還在睡。

欣宜沒有灰心，反而想找天傍晚下廚，做些家常菜，讓宗勳感受家庭的溫暖。兩週後的下午她跑去賣場採購，買下頂級牛肉與紅酒，換上全新的高級餐具，希望用這一餐鼓勵宗勳重新振作，像是當初當個背包客的冒險精神，兩人又能一起奮鬥！回家後，她興高采烈地煮菜燉肉，看著類似法式餐廳的菜餚一道一道出爐，彷彿是一份一份的愛，充滿了整個廚房。

只是，宗勳接到一通朋友的電話，說朋友需要他，一定要趕緊出門幫忙。

「什麼事情這麼重要？」

「不干妳的事啦。」

「我今天準備這麼多，你會回來吃吧？」

「大概不會，我要出門了。」

「我做了這麼多，至少可以讓我知道你要去哪裡吧？」

「所以妳是說，做這些都是為了控制我嘍？妳其實根本不愛我吧！」

「我不愛你還會為你做這麼多嗎？我的存款都被你花完了，也辭掉工作在家陪你，你還覺得我不愛你？你是瞎了還是有什麼毛病？我到底怎樣才算是愛你？」欣宜終於生氣了。

「我就是有病啦！」宗勳惱羞成怒，拿起一旁新買的紅酒，握住瓶頭用力砸往桌角。「我就說沒有人會真的愛我！」他翻找欣宜錢包中的信用卡和幾千塊現金，毫不留情地轉身，「啪」的一聲用力關上門。

這舉動似乎敲醒欣宜心中的不安，看著滿是食物殘渣的雙手，眼前是碎落一地的酒瓶碎片和血泊般的液體，遠方則是凌亂不堪的房間和滿地的塵屑，這些都和潔白有序的餐桌形成諷刺的對比。

她開始流淚，止不住地一顆接著一顆眼淚。她知道宗勳肯定又要去喝酒到凌晨，她怎麼做都無法讓另一半回心轉意，怎麼努力都沒有人看見自己的付出。她腦中閃現爸爸的畫面。

她雙腳發軟，跪倒痛哭。

心理分析

欣宜是所謂的「拯救者」，想要將宗勳從可憐的身世中救出，並給他家庭般的愛。只是當這段關係逐漸失控，她並沒有馬上察覺，反而刻意否認眼前的事實，像是宗勳大量花費、整天酗酒，她自認理解宗勳在做什麼，也知道宗勳要什麼，所以將這些「不正常」都看作「正常」。也因為這份自以為，她覺得能夠協助宗勳回歸常軌。

她之所以如此被宗勳吸引，也是因為想起爸爸。當初媽媽過世後，沒有人來照顧失意的爸爸，欣宜非常心疼，因此小小的她擔任起「照顧者」的角色，期待爸爸重新振作。然而，爸爸不回家和缺乏對孩子的關注，反而令她覺得是自己不夠好，做得不夠多，需要更努力才能讓這個家穩定。所以她擔任起媽媽的角色，打掃家裡、煮飯洗衣、照顧妹妹，然而這些都沒有贏回爸爸的關注。

她極為失望，儘管做了那麼多，竟然都沒有被看見。因此萌生期待，能夠組成新的家庭，在那裡，她的付出會有回報，她的關愛會被接收，她的努力會換得注意。**她可以被愛**。

這即是一個拯救者的誕生過程。

心理諮商中常見的個案類型就是：期待自己的大量付出，讓對方感受到近乎**溢滿的愛，並換取一點回報，只要一點點，就能成為持續付出的巨大動力**。如同欣宜在諮商室中，對著空氣詢問宗動：「你需要我嗎？」當被需要，才代表自己有價值，才知道自己還能夠給予愛，不會被認為沒用而被丟掉。

過度付出

你也是習慣付出很多的人嗎？

「她家從小困苦，讓她有很多負面想法、抱怨人性的黑暗面、對世界不信任。但她相信我。」

「我們在網路上認識時，她有嚴重的恐慌症，沒辦法出門，也不跟任何人見面，但她能讓我進她家，我覺得好像真的能幫助她。」

「她跟家人的關係不知該說好還不好。好的是她媽會全心全意照顧她。不好的是，我覺得她們太黏了，她認為她媽說什麼都是對的，即使不合理也不會反駁，像被思想控制一樣。我不斷說服她，她也慢慢願意聽我的。她告訴我，我把她從那裡救出來了。」

人在（被）追求時都會偽裝，這很正常，先抱著美好的想像，雙方才得以進入一段關係。某種程度上來說，遇到令你困擾的伴侶是運氣。但遇到後無法相處也無法改善，可以離去卻不願離去，就是問題所在了。

伴侶的安全感不足，對過度付出者來說，一方面有著時時刻刻必須提供關注的困擾，另一方面又默默享受著被需要的感覺。通常前來諮商的人都會抱怨伴侶愛生氣、不相信自己、太黏而沒有個人空間。但這時需要反過來問的是：「**你對他有這麼多不滿，卻還沒有分手的原因是什麼？**」

有些人是有意識的，有些人則是回過神來才發覺，不曉得那段時間的自己怎麼了。有些人知道自己太超過，但不敢對家人朋友說，又離不開伴侶，只好持續付出，暗自希望對方會有改變的一天。而伴侶通常也會釋出一些訊號，表示自己有轉變，或至少是有愛的，如同宗勳剛開始對欣宜承諾離婚、親吻她的額頭、緊緊抱住她，讓她再次有動力，覺得事情沒這麼糟，能夠矇住雙眼繼續在這段關係中付出。

這個矇騙自己的假象，通常要到某些大事件爆發，過度付出者的心中才會出現另一個聲音：「他不可能改變了。」但總會又看到一絲微弱的曙光，讓當事人再度沉淪。這有兩個主要原因：

1. 不甘心感

當事人已經投注大量時間、心力、金錢，就是因為付出了這麼多，更想等到獲得回報的一天。尤其是過度付出時，更覺得不甘心，潛意識中傾向告訴自己：「再等等看。」

常見到在一起四、五年以上卻有分手衝動時，過度付出者總會出現各種「特殊」理由勸阻自己，像是：

「他媽媽需要人照顧。」（你連自己都照顧不好了。）

「他習慣用我的電腦視訊開會。」（他可以自己買一臺。）

「婚戒都買了，不結可惜。」（你可以退貨。）

理性上知道要分開，但感性的自己仍分不開，因此抓住一些表面的原因，讓自己不用承受即將被拋棄的痛苦。

透過諮商的釐清，最後看清現實：若對方沒有心，終究無法改變他，兩人打打鬧鬧的日子必須劃下句點了。但當事人心中仍會擔心：不曉得能否再找到下一個如此匹配的人？只是這個匹配，幾乎又是一段又欣喜又痛苦的關係，這受到第二個原因影響。

2. 自卑感

過度付出者往往到最後還在替伴侶著想，深怕做了會讓對方不開心的舉動，還因此感到慚愧，認為是自己做得不夠多、不夠好，都是自己的錯，才讓這段關係崩盤。

接續上面的例子：若對方的母親需要照顧，即使對方自己都不照顧了，仍想做點貼心事來幫忙照顧；持續借出財物給對方，因為擔心會被認定太吝嗇；甚至怕退婚戒會讓對方覺得浪費錢。過度付出者總將所有的過錯與責任扛在自己的肩上，卻也因此更難與對方分開。

過度付出的拯救者所深深著迷、且能長時間交往的對象，大都是過度依賴的受難者。受難者需要另一半隨時在身邊，即使分手了，也和其他人曖昧中，尚未找到下一塊浮木前不肯放手。這對拯救者來說，剛好可以持續付出，保有熟悉的相處模式，彼此都能感到安心。

如同欣宜在先前一段六年的感情中被劈腿時，她不責怪對方，因為她深信是自己不夠好，沒有往「對的」方向付出，分手後還時常回去協助前男友的業務，彌補當初的不足，也有個對象讓自己「被需要」。

過度付出者的行為模式

如何評估自己是不是過度付出呢？蘿賓．諾伍德（Robin Norwood）在《過度付出的愛》（*Women Who Love Too Much*）中說道：「用你所受的苦來衡量愛情的深度，就是過度付出的愛。」

能夠持續付出，對過度付出者來說是一種再熟悉不過的事情，因為不付出似乎就不會得到回報，也不會有人持續愛自己。欣宜太害怕對方離開而不斷付出，然而當初交往六年的男友正是因為不斷「被付出」而感到壓力沉重，最終提議分手。

用激烈的情緒和行為，還有極端的浪漫，才能證明自己夠愛對方，對方也夠愛自己。但事實上，這些並不是愛情。過度付出者不是真的愛對方，只是表現出自己「正在愛他」，**用行動填補內心無法被滿足的黑洞，感受到自己正處在一段被愛的關係中。**

這種激烈的情緒不只在關係好的時候出現，當關係不好的時候，或沒有得到他想要的東西的時候，可能產生同等程度的極端抗議。因為他把身旁的家人、朋友、曾經重視的興趣與工作統統拋下，將所有精力投注到伴侶身上，只剩下伴侶了。如今，伴侶若不能持續提供情感的回報，他會感受到更強烈的「被拒絕」，而做出瘋狂的舉動。

他心中所想的是：「你就是我此生的唯一，我再也找不到如此完美的人，能滿足我所有渴望。」就算不行，也會矇著眼告訴自己：「一定可以的。」無可救藥地陷入戀情，只是因為被需要的欲求：「**我那麼愛你，你也應該那麼愛我**。」

而這種感受經常源自家庭。

無條件的愛是他所追求的，也是從未在家中體驗過的。他從小被迫付出，勉強得到一絲關愛，然而只要沒有達到父母的標準，就會被狠狠拒絕，比方破口大罵的羞辱、刻意冷漠的忽視。他害怕這種情境再次上演，於是學到一個信念：「我必須讓爸媽開心，才不會被丟下。」所以開始將所有心力放在父母身上，仔細觀察他們想要什麼，然後給予，或變成那個樣子；得到稱讚後，更加強觀察與付出的行為，變得愈來愈熟悉這種模式。

表面上，他的付出讓這個家和樂融融，或至少不是分崩離析，內心與父母的距離卻愈來愈遠，對原生家庭的根基愈來愈抽離，**他感受到的不是關懷和照顧，而是有嚴格條件的獎勵機制。**

你的感情充滿戲劇性嗎？

「家裡充滿吼叫、暴力、驚喜。我爸會打我，酸我是從垃圾堆撿回來的，把我所有東西丟到門外，說不要我了。我把所有東西收拾整理得更乾淨，他就會買我最喜歡的甜點跟我道歉。我也用同一套模式對待我的伴侶，這種感覺好像才是愛。」

「只要吵架再復合，都有一種『我成功了』的感覺，又把一段關係救了回來，這是很有成就感的事情。爭執雖然痛苦，但也讓我特別清醒，而平常的對話就很無趣。」

「知道他跟其他人搞曖昧，我很難過，但每當討論要分手，討論到最後我都會親他，因為有一種要失去的感覺，才更要好好珍惜。」

這種走在懸崖邊緣的感受，就與童年時期極為相似，他會心驚膽戰、出言不遜、心痛不堪，簡直就像一場精采的電影，在潛意識中認定：「這肯定是真愛吧！不然怎麼能教人如此瘋狂？」當挽救回一段關係時特別有成就感，而救回來的次數愈多，下次愈抱有希望，付出愈多也就放入愈多情感，最終離不開這個人。

來自問題家庭的拯救者，往往將愛與戲劇化劃上等號。尤其和拯救者談話時，你可以感受到他的極度痛苦與焦慮，卻也正是他感到愛的時刻。因為他又能再次發揮作用，在一段感情中奮力向前。如同欣宜儘管入不敷出，仍持續提供宗勳金錢援助；儘管心情複雜，仍辭掉工作，只為了陪伴宗勳，讓他感受到家庭的溫暖。

為什麼我們總在同一個地方受傷？

最初，「強迫性重複」是用來描述某些精神疾病的莫名行徑。心理治療的始祖佛洛伊德（Sigmund Freud）發現，有些人會固執地重複某些行為，即使痛了累了仍要繼續，重溫某些痛苦的經歷和回憶。

聽起來很耳熟嗎？這邊說的不只是典型的強迫症，像是一直進入受暴的感情關係、不斷損害人際關係的友誼、工作到累垮了還是繼續忍耐，都屬於強迫性重複。

精神分析理論認為，一個人在孩童時期的心理創傷，會驅使他不自覺退回到受創的時間點，也就是內在的時鐘被迫倒轉停止。雖然外表的他長大了，內在的小孩卻被凍結了。

他不斷尋找如何撫平與克服創傷的痛苦，這是一種本能反應。但是，這種努力若沒有經過覺察和有意識的改變，就會不斷重複過去的行為與心智模式，再次以失敗告終。然後停留在原地，想著下一次要加倍努力（重複）。尤其在最親密的關係中，這個內在小孩的冥頑更加明顯。對外人可能會見人說人話，但對身邊的人總會露出性格中真實的樣子，而那個真實的樣子難以輕易改變。

這個重複在感情中最常見到，如同心理諮商中常說：**你和父母相處的行為態度，總會出現在你和伴侶的互動之中，也會再複製到你和孩子間的教養模式**。像是以下Adam的狀況。

【Episode 1】Adam

Adam的生活閒不下來，對兩個兒子照顧得無微不至，幫出社會第五年的大兒子找工作，幫剛上大學的小兒子買新車。但是，他感到十分痛苦。大兒子整天在家打電動，只會伸手要錢；小兒子則每天蹺課鬧事。雖然都是Adam替他們善後，但兩個兒子與爸爸卻極為疏遠，就像工具般用完即丟，有需要時又呼來喚去。

Adam最終接受心理諮商，意識到自己一直在補償童年時缺乏的父愛，因為他的爸爸很不稱職，他便發誓要讓自己的孩子有一個好爸爸，想在孩子身上彌補曾經歷的童年遺憾，直到那份遺憾化解為止。但這份遺憾隨著沒得到回報的焦慮而升高，也再提升寵溺孩子的程度；孩子反而學會了索求無度，永遠得不到滿足，Adam自己的遺憾也無法化解，又更加寵溺孩子。這種沒有盡頭的強迫性補償，使他無法和孩子在心理層面有真實的接觸。

我們總是不停地重返創傷，尋求曙光。

我將強迫性重複區分兩個面向，分別是「內在心靈的重複」與「外在行為的重複」：

1. 內在心靈沒有得到滿足

你會不斷尋找讓自己穩定的內在依靠，像是愛情、工作、宗教，讓心有一個能夠暫時安放的地方。

愛情是雙向的互動，有成就感，有興奮感，而且似乎是每個人都會發展的道路。但若你的心靈是匱乏的、極度需要愛的，那處在一段不健康的關係，其實對內在的破壞力更強大，你會慢慢說服自己透過各種方式妥協。因為你需要這份愛。

一旦分手，由於仍然需要得到愛，你變得很難離開這段讓自己痛苦的關係，或再度進入一段類似的關係，也再次陷入重複循環的關係，更難獲得真正的滿足。

2. 外在行為沒有辦法轉變

執著於特定的工作方式會讓人有某種糟糕的表現，就算換了工作，糟糕的表現也不會因此轉好。這是來自於不曉得還有其他的方式，或是不想換成其他的方式。

愛情也是一樣，不曉得還有什麼其他的思考和行為，只能用從小潛移默化的方式——透過付出、透過讓別人看到自己受苦、透過逃避，而埋下了「拯救者」「受難者」「逃避者」這三種角色的陰影。更多情況是，即使知道怎麼做對雙方比較好，但總是被想即刻獲得滿足的念頭壓倒，很難改變原有的方法。新的方法實在太陌生，也太難忍受了，所以在大多數的情況下又跳回原本的模式，重複著讓自己受傷的惡性循環。

靈性是許多人的最終方法，透過更大的未知力量來解救沒有方法的自己，藉以得到內心的滿足。但一陣子過後，反而覺得更加空虛，因為並不是處在內心飽滿的狀況下與這樣的力量或信仰接觸，容易被吞噬和執著，且失去自我的意識。

一個人如果在草原中掉了東西，但他只知道要循著石子路找尋，那注定不斷往返、不斷失望。

你的每一段感情相似嗎？

後續的每個故事中，你會看到這個概念不斷出現。

每段情感中，我們大都受到強迫性重複的影響，不斷在潛意識中反芻。因為只要一有可能被滿足，它就會跳出來，想讓舊有的痛苦和失落告一段落。

一般人談戀愛時，會因為先前的經驗而在之後愈來愈懂得如何愛人與被愛。但被強迫性重複糾纏的人，容易將愛情視為人生中唯一追求的目標，而且隨著年齡增加而更加著急，難以等待，挑選到的人也愈來愈差。他會跟著過去的熟悉感而挑選對象（如父親般有威嚴但有暴力傾向），或反過來選到另一個極端的對象（軟弱到無法承擔任何責任）。

你或許會問：「他不知道自己在做什麼嗎？」不論他是否知道，但就是有一股衝動讓他停不下來。尤其寂寞的人更渴求被關注，必須進入這種強迫性的循環，可能是瘋狂上交友軟體、酗酒、FB或IG不斷往下滑，無法停下來。因為停下來就會發現，沒有人和自己在一起。未必是愛情，而是任何情分都沒有。

這個概念或許不太好理解，不懂過去的情緒為何會影響到現在這麼久。但只要想想「遷怒」這個概念就會明白：那份怒氣沒有對著真正的對象發洩出來，或是還氣不夠，需要再對旁人吼叫、摔東西「出氣」，甚至氣了一星期後看到對方仍舊怒氣衝天。

愛也是一樣，尤其這個愛的對象又是從小最親近的人，肯定會「愛」很久，需要不斷「找人來代替那份愛」，並且「彌補那份愛」，只是這不像當下生氣這麼明顯的情緒。未被滿足的愛難以輕易獲得滿足，所以被壓進潛意識中，轉移情感的對象。當初沒得到的關注、認可、尊重，日後不斷透過某種變形的樣子拿回來。

因此，**在缺乏覺察的情況下，我們往往不是選擇最適合自己的伴侶，而是選擇與父母最相像的伴侶**。這不是刻意挑選，而是在相處的過程中能夠以最自然的方式展現自我，即使是不舒服的，卻也是最熟悉的感覺、最熟悉的挑戰，可以用同樣熟悉的招式再次克服。這種熟悉會帶來一種歸屬感，好像才有家的感覺。即使我們不喜歡原生家庭，但它的確是住最久的窩，也是最容易影響情緒的地方。

對小小孩來說，面臨創傷時，會將創傷重演在遊戲的過程中。比如曾受過性侵的小女孩，會在辦家家酒中將公主娃娃的衣服脫掉，或將另一個男人疊在娃娃身上；有時會扮演公主娃娃，有時會扮演另一個男人，或扮演另一個旁觀者在煮菜。這個遊戲過程會不斷重複，直到小女孩心中的恐懼隨著內在轉化與外在引導的釋放，慢慢克服這件事情的陰霾，才願意停止這個遊戲。

同樣的，情感受創的人也會在現實生活中重複上一段感情的模式，而最初的那個情人又源自於父親或母親的樣貌。這也是心理諮商中總在討論童年的主要原因。

小結——被迫終結的童年

過度付出者的童年，往往被迫成為「小大人」。被要求扛起家庭的責任，可能是長期協助照顧病老的長輩、安撫被家暴的父親或母親、打工減輕家中經濟負擔。他很少有自己的時間，大多拿來幫忙這個家，也習以為常。

他通常有一個在情緒或相處上非常緊密的父親或母親（但父母未必覺得與孩子是緊密的），這個重要的照顧者與自己的情緒總是混淆在一起，也就是對方開心的時候自己也開心，對方難過的時候自己也難過。這個分擔情緒的過程，讓孩子成了照顧者的「情緒配偶」。

如同欣宜，雖然媽媽才是爸爸的法定伴侶，但媽媽提早離開，她成了爸爸情緒上的伴侶。她的自尊心建立在能否感受到爸爸的開心，因此拚了命付出自己的所有，可能是考好成績，可能是當開心果，甚至是學會煮飯打掃，為的就是要讓爸爸開心，也為了讓爸爸看到自己，為了被愛。

這種感受會持續影響孩子，直到現在仍用某些形式滿足父母，即使有很多抱怨，依然能找到理由去滿足父母，像是孝順，所以堅持勤奮地付出。這種狀況會使他容易找到類似父母的伴侶，大多時候不是有意的，而是發現有個方式能令對方感到開心，這使他有成就感，因為能夠被愛。

對童年顛簸的孩子來說，被愛才是最重要的。他學習到只有努力付出才會被愛，只有更努力持續付出才會被一直愛下去。即使對方不是自私的類型，也可能會被寵壞了，習慣當作接收的那方，讓過度付出者認為：「你都把我視為理所當然！」

許多過度付出的孩子不敢提出這件事，不論是對父母或是伴侶，認為自己沒有權利提出討論，所以對方未必了解他的辛苦。**這些孩子愛得好累，但也只能默默擦掉眼淚，繼續付出**。

尤其女性從小被灌輸要多付出、要會包容、要懂得犧牲和成全另一半，同時不該提出自己的想法，而是要去迎合別人。這也影響她對父母的愛，從極為渴望到逐漸失望，就算真的給了，也不再信任那是真實的愛，因為是自己委屈求全換來的。

如同欣宜，媽媽早逝、爸爸不負責任，身為長女的她必須獨立堅強。從小就會煮飯洗衣打蟑螂，感到辛苦又害怕，但不得不這麼做，她有責任在身，默默認定必須頂替媽媽的位置，把妹妹安頓好，也要將爸爸帶回來，如此才能重新感受到一個不是破碎的家。

尤其與爸爸的相處，是在這個家唯一能感到被愛的時刻。她會煮好晚餐等爸爸回來，特地和一桌的菜拍照傳給爸爸；也會幫爸爸收拾凌亂的房間，整理和清洗私密衣物；也會擔心爸爸一個人太過寂寞，儘管嫉妒，還是詢問他是否再找一個新媽媽，再組一個家。

「但這個家不會再完整了。」她的內心早已認定。

所以她向外尋求一個新家。她覺得自己有能力組成一個家庭，因為她曾經這麼做過，只是她不再相信原本的家人了。但這次不一樣，這次是她主動精心挑選而來，她相信能夠找到欣賞自己的付出的人，更重要的是，得到同等的愛。

只是這個精心挑選，總是被潛意識矇住雙眼的選擇。尤其是剛從這類型的家庭中急欲跳脫出來的人，總會尋找需要幫助的人，因為感受到對方的需要並付出自己的關愛，是從小最能感受到「愛」的方式。換句話說，她習慣扮演一位照顧者，因為這個慣性，潛意識驅使她找了一個對愛敏感的人，也就是一個需要被照顧的人，也「剛好」總是需要依靠、缺乏安全感、沒有自信的人。

宗勳就是最完美的對象，兩人先是看對眼，但當他說出自己家庭的慘澹經歷，又脆弱到需要人伸出手，欣宜在潛意識中正式被觸動，因為她的爸爸也是同樣的脆弱，而眼前這個男人正是讓她再次救回爸爸，並能充分獲得感激的時刻，於是心底冒出一個聲音：「我能幫助你。」

「幫助」和「愛」的感受強烈連結在一起。當她將宗勳從慘澹的原生家庭和婚姻生活拯救出來後，有一種在童年的跌倒處重新爬起來的成就感，她幻想能夠和這個救回來的人共體時艱，走過苦難後有著幸福的未來。**「幫助」的背後隱含的是：「你能回報給我我需要的愛。」**這也成了當事人深陷沉淪的原因：潛意識中止不住的童年衝動。

她不只付出，還搶著付出更多，**透過拯救他人的方式來感受到被拯救**。她會對旁人說明：「他需要我。」儘管關係逐漸失控，但那一份想要重新被愛的感受，讓她不願看清眼前的人從懶散、暴力，到欺騙的事實，因為她曾經嚐到一點甜頭，他們真的曾經有愛，所以不是對方的錯，她歸咎到自己身上。如果是自己做得不夠，那就透過付出更多，來掌控逐漸失控的局面。

這一份因為缺乏愛的焦慮，需要有人看見，需要有人告訴她：

「這些年來妳辛苦了，我知道妳為我付出很多，我都有感受到，謝謝妳。妳可以不用再這麼努力，我也會一樣愛妳。」

Part 1

第 1 部　「拯救者」的愛

Chapter 2

第 2 章　「妳是笨蛋，我來幫妳，讓妳配得上我！」

STORY 2

拯救者 崇豪 vs. 受難者 芹萱

欣　崇　宗　芹　允　志

＃自戀型人格

Part 1 「拯救者」的愛

Chapter 2 「妳是笨蛋，我來幫妳，讓妳配得上我！」

STORY 2

拯救者 崇豪 vs. 受難者 芹萱

崇　芹

崇豪的右手拳頭留著鮮血，前方是被他徒手打到磁磚脫落的牆壁。他剛和芹萱分手。他不曉得為什麼，自己付出了那麼多，對方終究離開他。

芹萱的生活從原本了無生氣到熱愛爬山看電影，工作也從只拿底薪的銀行業務晉升到副理，她閃閃發光，然後就要離開崇豪了？崇豪下了班就幫她查資料，假日帶她去山上和海邊走走，找各式各樣的活動希望她的生活不只是待在家，讓她的人生不只停留在原地，這些都有所改善了。崇豪不懂：「我只是想要看到我們一起開心而已，為什麼要走？」

崇豪想過自殺，先前是高中時的女友離開，這次覺得自己不是小孩了，但衝動卻更為強烈。然而一想到妹妹會因此而難過，就無法真的這麼做，只能把怨氣出在牆壁上。

甜蜜期

崇豪在廣告界有很高的成就，擔任亞洲區負責人的期間，芹萱是合作公司的小職員。某次開會，芹萱端茶進去，崇豪看到第一眼就著了迷。

會議結束後，崇豪刻意留到最後，等等看她是否會來收茶杯。結果他沒有失望，芹萱再次進來了。他恣意打了招呼、問答幾個公司的問題後，隨口嘲弄了公司的制度，馬上把芹萱逗笑了。笑了之後，兩人的緊張關係稍微解除，要換聯絡方式就容易多了。崇豪在玩笑中放進幾個承諾：

「妳竟然沒吃過這家牛排？改天一定要帶妳去！」

「妳假日都待在家？那一定要拉妳出來見見太陽公公！」

「妳今天晚上該不會也要回家追劇吧？倒不如我們去新的夜景餐廳！」

一轉眼，兩人已經在餐廳舉杯。崇豪舉起杯子，示意要芹萱也跟著做。他輕敲了一下兩人的酒杯，搖晃的白酒散發出葡萄香氣。他外向迷人的談吐，芹萱不自覺地被吸引。當天晚上，崇豪甚至和駐唱歌手共唱兩首英文歌，得到全場掌聲，但他不邀功，將這麼美好的夜晚歸功給芹萱。看著崇豪的表現，芹萱屢屢驚喜，臉頰熱熱的，從來沒有這麼興奮沸騰過。回程車上兩人持續打鬧著，一同回到崇豪家。

兩人開始交往的頭兩週，訊息幾乎沒有斷過，不管跳出的是LINE還是IG，秒讀秒回，芹萱覺得自己極受重視。當芹萱難過於最愛的爸爸癌症住院，崇豪陪她邊聊邊哭到天亮，穩穩接住她的每個情緒。就這樣，兩人像是擁有無止境的話題，幾乎都快天亮才睡。

每次去芹萱的公司開會，隨著崇豪的美言稱讚，老闆也漸漸賞識她，決定提拔她到小主管的位置。芹萱感到有點愧疚，畢竟不是靠自己的能力，但她也不是太在意，反正現在兩人過得這麼幸福。

只是，升遷之後，兩人的關係產生了微妙的轉變。

「我昨天看到這個影片很好笑～～～」崇豪來訊。

「這篇文章妳看看，它說生兩個小孩最剛好，但我們就給它生三個！」他繼續傳訊。

「在忙嗎？」他困惑怎麼都沒有回覆。

…………

「（貼圖）」過了幾分鐘，他開始不耐煩了。

…………

「（貼圖）」

…………

「（貼圖）」

「（貼圖）」

「抱歉抱歉，剛剛才開會出來，你上面說的我等下看喔，急著做報表。」芹萱終於回覆。「晚上再陪你去最愛的那家小酒館？這次我一定能射中紅心！」

「好啊等妳！」

兩人的訊息開始有點走樣。崇豪在辦公室內沒人管，要做什麼都可以，頻繁傳訊息卻也經常落空，覺得沒有被理會而有點失落。他想要兩人有更多的相處時間，當天晚上就向芹萱提議乾脆隔天搬進他的小豪宅。芹萱覺得進展太快了，但好幾次都沒回覆而有些抱歉，所以猶豫了一下就答應了。

住進小豪宅後，開始了如同公主般幸福的生活。崇豪隔天一早煎了伊比利火腿和歐姆蛋，芹萱還沒起床就聞到陣陣香味，床頭櫃放了一朵玫瑰和一張小卡片，上面寫著：「不忍心打擾妳睡覺，電鍋裡有做好的早餐，我先去開會了，愛妳❤」

同時，芹萱的手機也收到滿滿的留言，是媽媽，抱怨打給她都沒有接。她隨手刪掉。從小到大，芹萱的媽媽只會對她情緒勒索，這次則要她和崇豪分手，因為「聽了就不是什麼好東西」，但每次交男友，媽媽都會這麼說。她不想繼續活在媽媽的負面情緒中，認為反正媽媽也沒愛過她。

在崇豪的「協助」下，芹萱換了手機號碼和地址。崇豪了解她一直以來過得很辛苦，從小就被家人當成皮球踢來踢去，沒有人照顧她，沒有人愛她。崇豪覺得「我可以愛妳」，還把所有鑰匙與信用卡交給芹萱，後來也說好要打造一個專屬於她的新家。

看著崇豪的一舉一動，芹萱想到唯一對她好的爸爸。爸爸生病期間，兩人一同經歷了緊急搶救到葬禮儀式，爸爸生前也交代崇豪很多事情，要他好好照顧芹萱。

崩盤期

但芹萱沒什麼需要照顧的，不是在家就是在公司。隨著工作忙碌，倒是東奔西跑找客戶的時間變多了。崇豪想知道芹萱跑去哪邊，於是兩人開始用手機定位App。這讓芹萱有點不舒服，似乎沒有個人隱私，但畢竟沒什麼好隱瞞，也就同意了。然而，她仍會不時回到原本的租屋處整理東西，或和當初五個租在同一層的室友們敘舊，崇豪嫉妒其中有男生，每次都會問她去了哪裡、做了什麼、聊了什麼。

隨著芹萱的生活變得豐富，崇豪愈來愈沒有安全感，變本加厲要求她每去到一個地方都要拍照，也要檢查她每天的穿著，只有和崇豪出門才能露出脖子以下除了手腳的皮膚。

芹萱有些無奈，但也不太計較，畢竟自己本來就不太穿那些衣服。她對室友說道：「老實說，這件事剛開始我覺得滿可愛的，表示他很在乎我。只是他愈來愈愛管我，不准我跟男生出去就算了，連跟男同事討論工作都不行，去哪邊都要向他報備，好像我是他養的寵物。我們會用定位App，剛開始覺得很有趣就下載了，但後來他一直看我在哪邊，我覺得很不舒服。」

但她不敢說，深怕崇豪又會生氣。

兩人過了半年熱戀期，芹萱愈來愈覺得窒息。崇豪要求她配合自己的一切作息和工作，每次出席任何社交活動都要求她化全妝、穿上指定的粉白露肩洋裝。芹萱不太敢向崇豪提出自己的需求，不敢做自己，因為在他面前，自己像是個笨蛋，隨時都會被罵。雖然沒有真正被指責過，但崇豪散發一種「這種事情妳也不知道？」的高傲態度，有時會直接嫌棄芹萱，認為她牙齒不夠整齊、身材要多上健身房、政治觀點是錯的。

直到某次又要一同出席社交場合，芹萱不想再順從崇豪的要求：「你根本不在乎我的感覺吧？」

「我比妳還清楚妳的感覺！」

「你只是為了你自己，想在你朋友面前有面子，想在我身上得到成就感，從來沒有問過我的感受，我說了你也只會罵我。」

「我做這麼多還不是想要我們好？我想要妳開心，我想要妳跟我朋友聊得來，這樣不好嗎？」

「我跟你說過很多次，我不喜歡跟他們相處，每個人都自以為很厲害……」芹萱差點脫口說出，崇豪就和他們一樣。「每次都好累，我們相處也變得好累。」

「我們可以不要那麼累，晚上再一起去小酒館吃飯吧？」崇豪嗅到不祥的氣息，先示弱了。

「你只是想要有人陪，不一定是我吧，我累了。」芹萱聽到崇豪還執意認為自己喜歡去那些地方，氣憤地收拾東西。「我們分手吧！」芹萱說對了，她雖然不能沒有崇豪，但反過來，其實崇豪更無法忍受沒有她的生活。

崇豪被一語中的轉而憤怒，一拳揍向兩人畫的彩繪磁磚，芹萱震了一下，直直盯著他，像是觀看一齣災難片會有的表情，困惑地皺著眉，難受的感覺湧上心頭。

心理分析

我在諮商室看見崇豪的焦慮與落魄，和他形容自己充滿魅力的樣子有著強烈的對比。

那份魅力是個外殼，真正的他陰鬱又易怒。他知道不會有人喜歡這個樣子，很小就學會把負面情緒隱藏起來，表現出一副高傲的態度，不自覺地貶低外人。他的伴侶常常很受不了，即使很少直接被言語攻擊，但總會想著：「哪天你也會這樣講我？」

這是崇豪的第八段感情，這個模式和前面其中三任女友很像，根據他的說法，那三個女孩相較於他的顯赫，屬於沒沒無名的小職員，過著朝九晚五的平淡生活。他看對眼後，會竭盡所能把對方「改造」成理想情人，覺得這是在「幫助」她們。

的確，剛開始雙方都很滿意，因為前任們的生活瞬間充滿了驚喜，崇豪也感到自己被需要，好像自己更有價值了。只是，這個「被需要」似乎是個無底洞，必須不斷填滿，所以他又創造更多驚喜浪漫的時刻。尤其當前任們被家庭綑綁，崇豪心裡馬上跳出「我幫得上忙」。然而不論「幫助」了多少，心中仍有一股空虛感不時襲來，這也是為什麼他時常需要看到伴侶的訊息、聽到聲音、見到本人，如此才能感到安心。

崇豪想到家中有一個需要憐憫的媽媽、一個需要被噴滅火器的爸爸，加上一個無法承擔爸媽期待的姊姊。他「注定」成為一個即使不甘願，但也同情媽媽、聽從媽媽的話的孩子，而且怨恨爸爸打壓媽媽，讓家庭氣氛變差。他想扛起協調者的責任，讓家庭恢復和諧。但他也發現，無論多麼努力，媽媽始終在抱怨而且沒有行動，爸爸仍舊憤怒暴衝，姊姊得憂鬱症後一蹶不振。

他對這個家，只剩下怨恨。

這個家的每一個人只有一種角色，溝通也只有一種方式，像是機器人一樣，做出同一種反應。媽媽永遠只會說「去讀書，別讓你爸生氣」，爸爸永遠只會暴怒，姊姊則永遠躲在房間不出來。崇豪受到這種呆板的家庭所影響，從小就被決定好自己的性格：討好、壓抑、強烈的自卑導致自戀。這份自戀的感覺使他不會因為爸媽的打壓而瞧不起自己，它是一種溫暖的保護，讓自己不會掉入家庭失溫的寒凍中。

在溝通嚴重失調的家庭，因為有著太多無法解決的難題，父母更容易聚焦在比較簡單且容易解決的問題上。像是崇豪的爸媽最注重的是孩子的課業問題，潛意識中抱著天真的想法，幻想著掌控孩子的問題就能使這個家得到緩解，控制無法控制的家庭困境，於是崇豪被簇擁成為一位「拯救者」。

仍是孩子的他，從小沒有被看見需求，一味地被壓著讀書。需要愛的時候，只有憤怒，所以衍生出一種情緒：「我不需要你們，我是靠自己長大的，我可以掌控自己生活的一切，我可以靠努力完成所有的事情，找到愛也是。」

所以，來到伴侶關係中，即使崇豪有很高的成就，但在看似自我控制良好的底下，其實是極度的自卑，無論學業和工作表現再怎麼突出，仍然彌補不了身旁的女友一個個離去的痛苦，每次對方不回訊息或電話，都令他感到失控。

在感情中，他需要透過控制來感到安心。而芹萱的無趣生活正好能讓他展現自己的豐富生活，帶著她嘗試各種新鮮事物，透過付出來兌換自我穩定。同時，讓芹萱變得更理想，也證明自己是個理想的人。他愛的人不是芹萱，是他自己。

他從小缺乏的愛，要用改造後的伴侶來填補。

於是，當沒有得到關注，他就憤怒。當沒有感到被在乎，他就嫉妒。這也形成了加諸在芹萱身上的一道道枷鎖，限制言行、穿著、人際，迫使她不得不將所有焦點擺回脆弱的崇豪身上。

這段感情看似是崇豪將芹萱從了無生氣的生活「拯救」出來，芹萱剛開始可能也覺得崇豪是她生命中的貴人，但久了才發現，實際上是崇豪需要透過控制芹萱來維護自己容易碎裂的自尊。

自戀型人格

控制與被控制才有愛的感覺？

沒有一段感情是從刻意傷害對方而開始的，最初大部分都是美好的，儘管不好也絕非帶有惡意，然而誰都料想不到事情會愈演愈烈。

所謂的「控制」，是硬要替另一半做決定，無法放手讓對方自行選擇，並想改

變對方的思考和行為，甚至替對方善後和負責，藉此滿足自己的需求。如同崇豪需要別人看得起自己，需要變成全場焦點，需要用學業來迎合爸媽，也需要用芹萱來作為自己有能力交到「優良女友」的證明，所以芹萱每次出現在他的朋友面前，包含談吐和興趣，都必須是他腦海中想像的那般優雅，如此一來，他就有了一個完美的老婆、孩子的媽，以及重新組成的完美家庭。

相較自戀者和過度付出者，想要解救對方的行為類似，但與過度付出者（欣宜）不同的是，自戀者（崇豪）更為自己著想。**如果說欣宜的想法是「你過得好慘，我願意多付出一些」，崇豪的思維就是「妳是笨蛋，我要讓妳配得上我」，但潛意識中的話語同樣都是「因為我需要你的愛」**。

自戀者通常是一位「無意識的拯救者」，看似能夠無限包容與關懷對方。一開始，兩人會迅速墜入愛河，相當甜蜜，有許多肢體接觸，大多也是第一次見面就有火熱的性愛。

但這些只是短暫的歡愉，幾個星期或幾個月後，他仍然無法從相處中獲得滿足，因為「被需要」的需求過於龐大。他會在不適當的時候關心你、送你不想要的禮物。你會發現，他似乎想要博得你的開心，你的開心才是他的開心。換句話說，你「必須」開心，才不會又像個笨蛋一樣糟蹋了他想要的開心。當你不表現出感激，他會轉為失落，反而需要你去安撫他。這段關係走到最後只剩下撫慰憤怒與不安，開心的時刻愈來愈少。

他唯一著想的人是自己。

自戀者是愛情中的控制者，只有一切事情都在他的掌控下才會安心。需要伴侶隨時在身旁、總是懷疑伴侶不愛自己，甚至幾近瘋狂地檢視伴侶的行蹤。他總是需要一條繩索，將自己從脆弱的內心中拉出，而伴侶就是那條繩索，那條能夠緊緊抓牢的繩索。

相對的，**自戀者的伴侶通常是受難者的角色**。尤其自認出身低貧或生活無趣而自卑的受難者，當有人願意把心力放在自己身上，願意不停為自己付出，驚訝之餘更感到欣喜。因此即使相處過程中感到不舒服，也會睜一隻眼閉一隻眼，畢竟多數時候受難者心想：「還有誰肯對我好？」甚至，在被控制的感受當中才能感受到愛，因此甘願作為被控制的那方。

但受難者仍低估了自戀者內心的無底洞，總認為「只要滿足他的需求，就不會再這麼激烈」，像是：

「只要馬上回家，他就不會再瘋狂打給我了。」

「只要不跟朋友出去，他就不會再整天懷疑我了。」
「只要我們結婚住在一起，他就有足夠的安全感了。」

從隨時待在他身邊、斷絕與其他人的聯絡，到有專屬證書的婚姻，只是將自戀者的胃口愈養愈大。填滿不了他的內在需求，只能暫緩一時的極端情緒。等到情緒過了，下一波情緒會再來，而且原本做到的事情還要再加上別的事情，他才能暫時安心。因此，這種「只要……就……」的想法，可能只會愈演愈烈。

永遠沒有足夠的安全感得以撫平自戀者具有的嫉妒與反覆無常，伴侶也開始懷疑兩人能否好好在一起。一開始或許能包容，但這段關係容易斷裂在某個處於巨大壓力的時間點，一同崩塌。

失去愛的人，需要用比原本更多的愛來補償。

你常常覺得自己比不上伴侶嗎？

「自戀型人格障礙症」（Narcissistic Personality Disorder, NPD）的人通常很有魅力，到了每個地方都是風雲人物。聰明上進、活潑迷人，待在他身邊容易受到煽動，也會變得有自信，甚至是一點點的自大。

美國《精神疾病診斷與統計手冊第五版》（*DSM-5*）中如此描述：

1. 對自我重要性的自大感（如：誇大成就與才能，在沒有相稱情況下期待被認為優越）。
2. 專注於無止境的成功、權力、顯赫、美貌、理想愛情等幻想中。
3. 相信自己的「特殊」與獨特，僅能被其他特殊或居高位者（或機構）所了解，或應與之相關聯。
4. 需要過度的讚美。
5. 認為自己有特權（如：不合理地期待自己享有特殊待遇，或認為別人會自動順從自己的期待）。
6. 在人際上顯得剝削（占別人便宜以達到自己的目的）。
7. 缺乏同理心：不願意辨識或認同別人的情感與需求。
8. 時常嫉妒別人或認為別人嫉妒自己。
9. 顯現自大、傲慢的行為或態度。

一個成人如果符合上述五項以上，並明顯持續這樣的狀態，形成一種難以改變的性格，那麼就可能被判別為自戀型人格障礙症。

從這些條列的描述可以看到，這個人多麼渴望他人的眼光，需要被看作特別且偉大。但這種性格通常不會明顯表露出來，除非有嚴重的人格障礙，否則他也知道這副德行不會被社會所接受，所以藏在心底，用另一副面具面對別人，也就是默默讓別人知道他的重要性。

在人際關係中，自戀者總是帶頭的那個人，但可能不是最有能力的，而是最會說話的。他也擅長在背後操弄朋友圈，提高自己的聲量和可信度，如此一來，當他說出嫉妒或貶低他人的話語，就有一群人支持他的行為，也會有另一群人恨他入骨。而為什麼需要操控朋友？因為他需要被看見，需要被覺得是重要的，需要有人替自己撐腰。在這些操控底下，他擔心自己失去分量，從此不再被愛。

面對感情時，他更能把自己的重要性提升到極致：習慣去照顧對方，讓對方回頭看見自己多麼重要，甚至讓對方不能沒有自己。他也習慣將對方變成自己想像中的樣子，因為他認為只有自己才知道如何對伴侶最好。即使對方不覺得，但這些照顧人的事情他做過無數次了，所以強烈控制對方，持續讓對方變好，讓關係變好。伴侶不肯聽從的時候，他會付出更多，他相信自己能夠改變另一個人。

他急著找到一個「可戀愛」的對象，表面上看起來令人欽羨，內心則是在排遣孤獨，潛意識中他在緩解因為沒有愛而產生的自卑感受。

多數人無法靠自己感到幸福，必須藉由其他人事物來獲得滿足，也許是最新的iPhone，也許是工作上獲得升遷，也許是得到某個人的愛。

愛情極為容易變成自我陶醉的一環，尤其在自戀者的眼中，只看見對方身上有自己能夠改造和獲得成就感的一部分、能夠替自己加分的一部分，所以想要對方的「好」是自己的。伴侶關係像是一面照出自身缺失的鏡子，他要將對方納為己有，就像病毒吞噬。他會思考，假如對方是自己的另一半，也就是自己的一部分，那他會多麼受人稱羨和敬重。

這種狀況在性行為中也常出現。自戀者要掌控性愛過程中的姿勢、時間、滿意程度。他不是在和一個人做愛，他是在形塑自己呈現出來的樣貌，把自己的性幻想投射在對方身上，要對方完全照做，然後再讓對方來滿足自己。也難怪佛洛伊德探討一位嚴重自戀的案例時說：「**個人唯一的性對象是他的自我**。」每一段感情中，他愛上的就是他自己。

而雖然自戀者對感情有很多的要求，但對於自己和伴侶的要求經常是雙重標準。剛開始可能非常堅持伴侶要依照他的標準，但久了發現，其實他自己總是沒有達到，而且總是有藉口，因為在他的世界中，他才是對的。像是自戀者經常會規定伴侶不能和異性聊天，不能和有潛在曖昧的對象往來，但你卻經常發現，自戀者自己常和別人搞曖昧，當你質問他，總又理由一堆。而且，他還會反過來責怪你：「難道我都不能有一點交友空間嗎？」這是你曾對他說過無數次的話，但從他口中說出時，會再加上極為憤怒或難過的情緒，讓你無話可說。

自戀者也會控制伴侶的穿著、儀態、用詞遣字，要對方完全變成自己心目中的樣子。**伴侶像是一個「配件」，用來襯托自己。包含職業、學歷、家世，一切外在的事物都是考量的重點，而非能否溝通、價值觀是否相近、有沒有愛。**

其實自戀者是最缺乏愛的一群人，需要透過這個「配件」，讓其他人喜愛自己。但這個喜愛終究不能滿足他，因為他的內在根本無法得到滿足，他太害怕失去關注，所以追求可以快速改造的部分。這也是為什麼自戀者常常變成拯救者，因為一方面能被伴侶感激，得到需要的愛；另一方面，改變別人總是比改變自己容易，教伴侶學習和老闆溝通比自己在工作中和同事溝通容易得多，指使伴侶去減肥比自己去運動輕鬆得多，要求伴侶對自己有耐心比自己靜下心來容易得多。

因此，伴侶通常很難真正感受到被愛，只會感受到被控制。每當自戀者的自卑發作，就更要求對方，或者直接出軌，證明自己還是很棒的。像是以下的案例。

【Episode 2】Betty

Betty是一名正在就讀牙醫系的大三生，同時兼職展場模特兒、牙醫助理、指導教授的研究助理，還擔任收容流浪動物的志工。

她的感情生活更為忙碌，和牙醫診所的醫師老闆在一起，老闆大她二十歲，兩人的年紀正好是雙倍。在學校，經常和教授打情罵俏，也會被教授找去向碩博班的牙醫師學生們報告文獻。她知道自己被當作教授的炫耀物，讓教授的學生垂涎，但也享受這個被擁簇的時刻。在大學部有更多人追她，她永遠是課堂上穿得最露的那個，不論是大一到大四的學弟學長，還是通識課不小心坐在她旁邊的男同學，沒有人不被她吸引，跟她要過ＩＧ的人不計其數，而她的目的只是想讓這些人追蹤她，增加曝光，因為她需要一群追隨者，來讓自我感覺良好。

這些人幫她買早餐、做筆記、去展場充當粉絲，每個都是工具人。表面上她和每個人都很好，實際上看不起這些人，認為他們只是喜歡自己的外表，不像自己一樣真的有理想。

身旁的女生沒有人喜歡她，每個人都叫她公主，刻意的或開玩笑的都有，但她不在乎，因為被這樣酸言酸語是她的榮幸，她知道那些女生只是嫉妒，她還會做更多事情讓她們嫉妒。

她每天都對朋友抱怨讀書時間不夠，但ＩＧ上又不斷更新吃喝玩樂的網美照。而好不容易出門讀書，一定要喬好角度拍攝英文文獻和筆電照片，以顯示自己有多麼忙碌。

長相甜美，深知自己的優勢，她透過自身優勢來操控他人，而且樂在其中。她需要比自己更厲害的人，所以過往伴侶都是中年有成者。一來能獲得交往對象不同於一般人的叛逆感，覺得自己真的比較有本事；二來這些人能提供更多金錢或知識的滿足。也就是說，伴侶同樣只是個配件，就像她和教授那樣互相利用。

對伴侶、人際、工作的利用，實則填補內心的空虛。尤其是國中時期爸媽離婚後，她遭到拋棄而沒地方住，只好跑到男友家，後來男友無法滿足她的物慾，轉為劈腿幾個有錢的小開。她從一開始為了生存，到後來為了證明自己活得比別人更好。

她告訴自己，她不是被爸媽丟棄的小女孩，是她不要和窮酸低俗的爸媽同住。

自戀者相信自己可以做到別人做不到的事情，而且自己才是最好的，也要全世界都認同他是最好的。這種霸道容易惹怒他人，但周遭的人多數敢怒不敢言，在背後罵他虛偽、自我中心、仗著有錢有勢了不起。

表面上，他不會讓自己需要他人，或說不能讓自己需要他人，因為那似乎代表自己無能、無法獨立自主。他真正的困難是，無法將自卑的自我展露出來，深怕一個不小心，從此沒有人尊敬他、看見他、愛他。

他需要隔絕伴侶與其他人的接觸，強迫對方接受他的想法，讓對方覺得自己做錯了，還會懷疑自己是不是笨蛋而產生困惑。他時常誇耀自己（事業、技能、金錢、人脈、性），極度需要讚賞，也因此總是在貶低他人，必須時時證明自己是最厲害的人，才不會被看扁，否則就沒人要了。

然而，**一個人的外殼有多堅硬，內心就有多脆弱**。

這也是自戀者的自殺風險居高不下的原因。不斷武裝堅強的樣子其實相當累人，每天戴著面具生活，到了晚上又孤單地拿下面具。他騙不過自己，只要一首歌或一部電影，就能將內心最脆弱的部分打碎，醉倒在床邊。再加上，一旦他無法變得強壯，例如得了疾病必須臣服於衰老而變得無助時，他寧願死去也不要被看到軟弱的那面。

他的內心是半透明的玻璃，遍布著亂葬的碎片。向深處望去，則是一個被遺棄的受傷小孩，痴痴地發抖。

自戀者需要得到他人的鼓舞，經常從事與照顧人有關的職業，像是社工、心理師、醫護人員等，因為他喜歡和需要被照顧的人在一起，能夠透過付出愛而得到回報。

而當自戀者來到心理諮商，很少將內心的想法告訴心理師，大多只聊了幾次，便認定剩下可以靠自己。即使真的需要幫助，也是拿了一點就趕快跑，因為這有損自尊，待得愈久愈是受傷。過往的經驗證明他靠自己爬上來，現在他也要靠自己再爬上去，而這份認定，使他重複同樣的行為模式，也無法看清自己的內在，反而加強了自戀特質，覺得他人的幫助一點用也沒有，只能靠自己，形成了與童年類似的輪迴。

小結——被忽略的童年

【Episode 3】Caesar

「我對人性的希望都崩塌了！」Caesar在諮商室中大吼。

他是一位邏輯清晰、笑容燦爛、高大壯碩的老闆，人人稱羡他開的時尚健身餐館。每當說起員工，他自認用真心對待，努力記住每個人的名字、喜好、習慣，甚至還會在員工生日時關店一同慶生。

但似乎沒有員工領情。

「又有櫃檯要離職？」客人露出不可思議的表情。

「對啊，我真不知道他們在想什麼。」Caesar搖搖頭。

「現在的年輕人也太糟糕了吧！你對他們這麼好，竟然還要離開。」客人同仇敵愾。

「我已經沒什麼感覺了，現在的小孩子都一樣，不懂得感恩……」Caesar搖搖頭，拿起裝著冰塊和威士忌的酒杯晃一晃，刻意發出哐啷哐啷的聲響。

「是說，他們怎麼離開的原因都一樣？健康問題？這個理由感覺很敷衍，你人這麼好，卻從來沒聽他們說過？」客人看不過去。

「都是假的。員工餐我給他們吃最好的有機蔬菜、當日現釣的海鮮、低溫烹調的櫻桃鴨肉。只要累了，我就叫他們去休息，我來端盤子就好。只要窮了，我還借錢給他們。只要分手了，我一定陪聊到天亮。這種好老闆哪裡找？不懂我的辛苦就算了，還集體想暗算我，說我的經營方式有問題、要換老闆。我用最理性的方式跟他們溝通，但沒人要聽。我相信他們心裡也覺得虧欠我，但不會說什麼或做什麼來報恩。這次是第四批人離職，真的讓我很失望。」Caesar的語氣漸沉，覺得真心統統付諸流水。

但他沒說的是，對員工有一個絕對要求：不准忤逆。他就像是個直升機父母，隨時用情緒遠端操控他們。

他自認人生從未失去掌控：大學開始進入美國名校就讀管理相關科系，成績名列前茅；因為喜歡酒而加入調酒社團、到酒吧打工，還拿到全州調酒比賽第一名。這是他的自述。

當他來到我面前，同樣說著這些事情時，我問他一句：「大學之前呢？好像都沒有聽你提起過？」

他停止說話，直盯著我，彷彿被戳中了某個穴道，動彈不得。

實際上，我們每個人都有些自戀，從嬰兒時期到成人，都是從只有自己的世界走出來認識他人。但如果沒有人看到我們，也就是從小習慣性地被忽略，就無法在內心感受到他人的存在，覺得這個世界沒有溫暖，只好縮回自己的世界，告訴自己：「我很厲害，只是你們沒看到。」唯有這樣，才不會因為那些忽略受了傷，因為不被尊重而自我貶低，因為自慚形穢到想去自殺。

自戀者的童年大都是被忽略的，需要依靠自己長大。

他在成長過程中，缺乏了「心智化」的能力，這在心理諮商中是最重要的一項關鍵能力，意指能從第三者的角度看自己，並能身處他人內心來理解對方。換句話說，當心智化的程度愈高，愈能同理自己和他人的內在思考、情緒、情感，感受到自己與他人的心靈樣貌。進行心智化的過程，能夠明白外在行為的內在意義為何，像是以下這些思考：

「我明明不想讓他難過，但還是跟其他人搞曖昧，我想是因為……」
「爸爸會對我這麼生氣，可能是因為……」

心智化使我們反思，能夠推斷事件背後的各種原因，並調整自我的心智結構。如果父母不曾走進孩子的內在，孩子會逐漸產生「沒有人想了解我」的心境，也無法客觀了解自己，只能主觀判定自己發生了什麼事，但基於自我保護的原則，容易將過錯推給其他人，失去了發展出了解自己與他人的機會。這會導致當他脆弱時，無法看見自己的脆弱，只會一味地執著、逞強，無法饒過自己。而當他人脆弱時，也沒有意願走進對方的內心世界。

童年時，一種常見的情況是，父母沒有餘力顧及孩子的感受，經常處在激烈的衝突中，一方暴力，另一方受害，受害者尋求孩子的協助，孩子沒辦法依靠父母，反而成為父母的依靠，於是孩子覺得自己是有能力的，甚至沒有他就不會有今天這個家，雖然他並不愛這個家。這使得他產生凡事只能靠自己、旁人無用的感受，也誘發出強烈的自我膨脹。

另一種常見的狀況是，於高社經地位的家庭，父母是挑剔者，孩子被迫表現優秀，否則就是一敗塗地。他容易感覺父母不是真的在乎自己，而是在意自己達成多少外在條件。雖然不舒服，但小孩只能照做，直到長大後反過來貶低父母。

自戀者從小就被要求完美，所以對自己相當有自信，同時，心中又有強烈的自卑感，因為考了九十八分，父母就嫌棄：「怎麼沒有一百分？」考了一百分後，又被潑冷水：「大家都一百分，沒什麼好驕傲。」總成績得到全校前幾名後，又被告誡：「要持續下去，以後才能當醫生。」而總算當到了醫生，不僅累垮的樣子沒人看到，還總被質問：「這個月薪水多少？」

對孩子來說，一方面讚嘆自己的成就，無論爬升地位或拯救家庭，但另一方面又覺得永遠不夠好，因為自己仍舊被挑剔、家庭仍舊破碎，他持續強迫自己任何事情都要做到最好。

這種感受也移植到交往對象身上，如同父母看待自己一樣，用極度嚴厲的眼光看待伴侶，想將對方打造成「完美情人」，要會健身、品酒、多國語言、有社會稱羨的高薪工作，同時也要會下廚、愛家、顧小孩。

但自戀者難以進入一段健康的關係，因為當對方愈好，自己反而愈自卑，擔心這麼完美的人會拋棄滿是缺陷的自己。忐忑的心情使他容易生氣、焦慮憂鬱，甚至偷情。而偷情對象反而是所謂「失敗的人」，因為如此他才能重返自信，從中獲得超越對方的滿足感，也可以持續如同父母般挑剔對方。

也可能因為不想遇到感情挫折，把真實的情緒和想法隱藏起來，與伴侶相處時一出現挫折就對感情失望，直接分手改找更完美的人。再者，把這些感情挫折歸因對方，就能免除自身的責任，好像可以持續前進，不用更正自身的人格缺陷。

自戀者結婚後，也可能成為自戀者型父母。因為自卑，便把期待放在下一代的孩子身上，這股期待是自己從未得到的認可，因此需要孩子成為自己的「完美化身」。孩子變成了父母拿來炫耀的配件。再一次的，如同上述對待伴侶、員工、朋友的方式——極端的控制、挑剔、管理形象，複製到與孩子的相處模式。這些旁人只是襯托自己的外人，維持自我感覺良好才是最重要的事。

因此，自戀者總是在工作上很成功，但在感情中很受挫，於是更需要用事業的成就彌補感情的受挫，但到了最後，如同許多前來諮商的中高階主管爬到某個位置後，某一天發現人生沒有意義，瞬間跌入憂鬱的谷底。

他始終沒有走出自己的心，因為小時候的外在世界太危險，沒有人要救他，逼得他不得不為自己的生存著想，毫無餘力顧及他人，被孤單給養大。

孤單的內心中，布滿了玻璃碎片，每一塊都映照著自己的臉龐。他看到自己的無力與害怕，放眼望去，有無數個映照出無力與害怕的碎片也看著他。他只好轉過身背對，裝作一副堅強與自大的模樣，告訴他人：「我什麼都不怕！」

第1部總結——最接近愛的感受，就是被需要

「每當一段感情結束，我都會陷入極大的沮喪，不斷反覆想著，我做錯了什麼？」

每次分手都是一次撕心裂肺，自認再也拼湊不回來。

但裂了是裂了，人哪有這麼容易放棄追逐愛情？如果真的逃跑就沒有人會愛自己了，想到孤老終生是一件多麼可怕的事情，所以過沒幾天又下載交友軟體，想找個人聊聊，運氣好的話，說不定能夠一起刪掉ＡＰＰ，手牽手走一輩子。

幾週後的深夜，通常會再遇到一個能夠徹夜聊天的對象。

「當時我以為，我們聊得愈久，代表我們的感情愈深。所以每次都有大量的訊息，每通電話時間總是無止境地流淌，即使彼此都沒說話，放著也好，好像我在陪他，當然，更需要陪伴的人是我，但我們兩人都樂意，沒有誰是委屈的那方。」

這是許多人的愛情互動模式，但從互動時間這個細節上能夠看到一個思考模式：當我付出的時間愈多，就表示我們愈相愛；當我願意為了你熬夜，代表健康和隔天的工作都沒有你重要；當我在每一次訊息來臨時秒讀秒回，表示隨時把你放在

心上。我們自以為付出時間、精力、金錢，能夠換取對方的感動，所以這樣的行為不斷持續著。

「可是，為什麼我們在一起幾週、幾個月後，又分手了？好幾段感情都是這樣。」

「這是怎麼回事？難道是我付出得不夠多嗎？」

「你還需要我做什麼？你可以說啊！」

若你曾經強烈執著於某個對象，或許多少會感受到那份執著並非完全出自於愛，而是參雜了一部分的害怕。

害怕孤單，害怕一個人。你擔心不再受到關注、不值得被在乎，所以不顧一切付出關懷與照顧，甚至「拯救」更可憐的對方，來讓自己的生活也得到控制，期望接收者反過來感激你，用愛撫平你的害怕與孤單。**這種「讓我來幫你」的想法，往往隱含著透過拯救對方，好讓對方反過來回報自己的思維。**

當對方沒有自己不行，更加依賴自己，自己的存在就變得無法取代。當確信對方離不開自己，就能暫時逃避心中最大的恐懼——被拋棄。

說穿了，拯救者的內心也有個破洞，不亞於被拯救者。

而這種偏執的愛也是最自戀的愛。表面上為的是對方，實際上對方即使不需要，甚至厭煩了，仍舊執意提供與付出，然而那是拯救者自己的需求。拯救者只看見自己，這段關係中也只有自己，所以總是難以促成長久穩定的連結。

對拯救者來說，當對方的家庭困苦，儘管自己窮到吃土，仍會用昂貴的禮物或奢華的晚餐，提供對方從未體驗過的享受。當對方覺得愛不夠，儘管自己工作忙碌，仍會熬夜手摺九百九十九朵玫瑰當作生日驚喜，用滿滿的行動證明自己的愛。當對方生病需要照顧，儘管相隔百里，仍會不辭辛勞開好幾個小時的車，只為了送上一碗暖暖的紅豆湯。

當我們無法被愛，我們會付出，因為最接近愛的感受就是被需要。

如果對方沒有需要幫助的地方，拯救者會覺得自己沒有功用，也就不會得到關注，不會被愛，因此不信任對方會真的愛自己，畢竟對方太自給自足。**無法付出，拯救者就感受不到愛與被愛。**

所以，拯救者會付出愈來愈多，祈望獻上自己僅有的一切，說著「我可以在金錢上資助你」「我是個很有能耐的人」「我願意為你每天下廚做三餐」，都是告訴對方：「**我愛你，你也愛我好不好？**」

常見到拯救者會有以下的思考：

「如果能每天寫一張小卡片給他，他一定很感動。」
「如果每天煮不同的家常菜給他吃，他就能感受到我的溫暖。」
「如果我把信用卡給他，他就會更信任我。」

但這常常衍生出一種急躁感，讓對方備感壓力。在一起之前，就送出大量的甜言蜜語，或提出伴侶般的規定和要求，急著進入關係。在一起之後，這種情況變本加厲，因為已經能夠名正言順地要求了，那麼就更能用自己擅長的行為或言語做出奉獻，無論對方是否接受。因為這是拯救者感到有愛的時刻，也就是：「我可以被你需要。」

若是分手後，拯救者也會用「把自己變得更好」的方式，試圖挽救這段分離的愛。但並不是真的想把自己變得更好，只是用「把自己變得更好」的方式付出。剛開始可能會奏效，因為拯救者總是擅長處理對方的需求，但過不久對方又備感壓力，提出分手。

拯救者愛上的是「部分的對方」，大多是憂鬱、痛苦、匱乏。這是拯救者所憐憫的，也是腦海中想像能夠協助對方的時刻，但其實也是想要被對方看見「部分的自己」——缺愛的自己。

我們也常在腦海中幻想這種拯救與被拯救的橋段，但不會真的付諸行動。

這正是二〇一八年影集《安眠書店》（*You*）爆紅的原因。男主角Joe將對女主角們的幻想訴諸行動，用貼心、浪漫、博學的態度，隱藏的是「只有我才是妳的真愛」。他窺探對方的生活、製造天命般的巧合、摧毀擋住彼此的所有障礙，都是為了獨占對方所有的愛，那是一份自己從未獲得過的愛。他冀望將對方從痛苦疲乏的生活中拯救出來後會變得感激，進而回報同等的愛。

在拯救者的腦海中，現實並非用來修正幻想，反而是修正現實來符合幻想。走向極端的是想法是：「若你還沒愛我，表示我付出得不夠，或者你沒有看到我的付出，那我就要做得更激烈。」那是從小到大都沒有感受過的生命驅動力，所以現在無論付出多少代價，都要求自己去得到這份愛。

拯救者的童年，可能是窮苦潦倒，可能是父親或母親缺席，其中一方的照顧者沒有盡到家庭責任，反而需要孩子成為家中支柱。假設是父親缺席而母親需要協助，那拯救者就會接手父親的照顧責任，成為母親的伴侶，照顧她、心疼她，這對一個小孩來說十分辛苦，但也能從中再次獲得母親的愛。

他拯救了母親，讓她有時間和精力看見自己的好，藉此獲得稱讚。但當父母持續酗酒、晚歸、精神疾病導致哀傷而難以被拯救時，對孩子來說更具挑戰性了。他更是加倍努力，能為父母付出一點點都好，如果這個家給不出愛，那就由他來給。因此在家庭關係中，更加討好或協助父母，象徵性地拯救自己的情感貧乏。

愛，對他來說就是難受與痛苦，但也混雜著甜美與滿足。對拯救者來說，痛苦是與一段情感的連結。透過受苦，能更明白自己需要努力什麼，也更加確定自己的存在。

美國著名的精神分析師蘇利文（Harry Stack Sullivan）說：「孩子的人格輪廓是由父母的焦慮深深蝕刻而成的。」

父母的家庭角色帶來的影響絕對不僅只於童年，父母彼此如何互動、父母如何與孩子互動、父母如何與其他人互動，這些都烙印在小小孩的腦中，從此按照某種方式持續生活下去，就算意識到要改變，若沒有探索、引導、定期檢驗，很容易又恢復原本的模式。

「畢竟是爸媽」這句話常出現在諮商中，它隱含了某種不可分割性，讓你脫離不了家庭，也脫離不了痛苦。但不可分割也代表著，倘若脫離家庭，似乎就是不應該。**對拯救者來說，與需要拯救的人相處，即是不用離開家庭，卻能拯救家庭的象徵**。

這種情況延伸到成人階段後，當遇到一位身處困境的伴侶，便會無意識地勾起童年感受，而且對方愈是墜落，愈覺得有義務將對方救起。透過拯救這位與父母有同樣感受的人，彷彿能重新拯救父母一樣，讓家庭完整。就算一段感情已經結束，也持續沉浸在痛苦中，讓這段感情在內心繼續存活。但也因為維持這種連結與愛的假像而遲遲無法走出痛苦。

因此，若在原生家庭中並未得到足夠的關切，就可能產生對愛偏執的狀況，不論是拯救者還是被拯救者，其實只是渴望愛，渴望有個人待在不遠處，在他累了、慌了、怕了之時，不會拋棄他，而且摸摸他的頭，告訴他：

「不用擔心，就算情況再糟，我都會陪你一起面對。」

有個人能在身旁，點一盞燭火，給他希望。

Part 2

第 2 部　「受難者」的愛

Chapter 3

第 3 章　「無論我有多糟糕，
你都能保證永遠不離開我嗎？」

STORY 3

受難者 宗勳 vs. 逃避者 允紋

欣　崇　宗　芹　允　志

＃自卑感　＃邊緣型人格

Part 2 「受難者」的愛

Chapter 3 「無論我有多糟糕，你都能保證永遠不離開我嗎？」

STORY 3

受難者 宗勳 vs. 逃避者 允紋

提到對感情失望，很難不把焦點再轉回【故事1】的宗勳。

宗勳與欣宜的關係只是他十幾段感情的其中之一，對他來說，當無法得到自己想要的關注，就會再度需要其他人的愛，趕緊補上這個空缺。算上在交友軟體遇到的女孩，搞曖昧的和只是上床的，大概有四十幾人。只要感到對方沒那麼喜歡自己，就先行抽身；每次鬧不和之後，即使還沒分手，就私下找了其他女孩相處。因為他不想忍受一個人面對感情的痛苦。

宗勳是一個充滿獨特魅力的人，外型不錯，尤其是眼神中的深邃彷彿世界末日前的景象，而他在找的那個人，就是能夠手牽著手、看著世界毀滅的摯愛。這對某些人來說非常具吸引力，因為這種愛情很強烈，尤其對於自卑、悲觀的人來說具有強烈的共鳴，認為共患難才能看出愛情的堅貞。

「攜手走向世界末日？瘋了是不是？」允紋大笑。

「妳不覺得很浪漫嗎？當我們看到世界正在崩塌，仍然可以手牽著手，勇敢地一起度過。」宗勳一派輕鬆道出他的真心話。

「哈哈，感覺你是個很浪漫的人。」

「我相信，世界上有一個對的人，看到對方的時候，會默默認定『就是她』，這種感覺很難形容，像是一見鍾情，但比這個再更深，彷彿已經認識了好久好久，這一刻終於在茫茫人海中找到，那個時刻會讓人感動到想哭。」

「有這麼誇張？」

「妳相信命運嗎？」

「嗯……我都跟別人說不信，但其實滿相信的，有點懂你說的感覺。只是我不想被認為是個迷信的人，而且相信的話，好像就沒辦法靠自己努力了。」

「看來我們有點共鳴嘍？」

「可能有一點喔？哈哈。」

「命運自然會把我們牽在一起，跟著這種感覺，會知道對方是不是對的人。」宗動盯著允紋的眼睛，允紋睜大雙眼回看，宗動就親下去了。

甜蜜期

允紋沒有談過戀愛，對愛情有種莫名的恐懼，覺得會「變成其他人的一部分」，情緒也容易被影響。從小，爸媽每天在吵架，她把自己關在房間裡。這影響她看待感情的觀點，變得很難相信他人，也害怕進入一段感情。

宗動分享了自己的家庭經驗，同樣是一個人躲在房間忍受爸媽爭吵的情緒轟炸，但仍勇敢相信愛情，雖然先前有不好的交往經驗，依然繼續尋找心目中的對象。這份執著讓允紋覺得傻，卻也安撫了她的害怕，感覺宗動真的能夠依靠，讓她想要嘗試看看。

宗動是第一個男友，也是最新鮮的時候，允紋試著做一些會替伴侶做的事情，像是做蛋糕當作驚喜、親自下廚準備燭光晚餐、陪對方聊到天亮。

但為什麼說是「陪」呢？其實允紋正忙於畢業論文，也一邊打工和準備履歷。宗動屬於比較黏的類型，所以她有點難為，但想到是自己男友，這種付出也是應該的，更何況才剛交往，本來就要多花時間在對方身上。況且，她的家庭背景幾乎沒人知道，一位有共鳴的男友可以相互訴說，感覺挺好的，她也樂於多了解宗勳的原生家庭和過去經歷。

只是幾次的吵架極為痛苦，宗勳會消失好幾天完全不聯絡，某些時候又反鎖房門，喊著要從陽臺跳下去。允紋覺得難受，想著是否要分手，但事後想想也了解這種感受。她自己在有情緒時也不想說話，曾想結束一切，就像當初在家裡一樣。

雖然兩人沒有順利溝通，但宗勳了解到允紋懂他，能夠看見這種受傷的痛苦，正是宗勳需要的對象。他需要有人看見自己從小到大的委屈。所以每次吵架完，宗勳又會若無其事地買東西送給允紋，允紋也常因此又驚又喜，即使不知道為什麼，仍心想：「吵完架又能這麼要好，這就是愛吧？」交往的前幾個月，她開心極了。

宗勳告訴允紋，他很想自己組一個家，想要有自己的小孩，還幫小孩取了名字，以後要他們學彈吉他、寫散文，讓人覺得孩子將來一定是個情聖。允紋只是笑笑，畢竟她才二十三歲。但宗勳是認真思考這件事情，每次和允紋發生性行為時都不戴保險套，表面上是說不想隔著一段距離，但有意無意間，是真的希望能有兩個孩子的家庭。儘管允紋會碎唸，但也沒有太在意。

而不意外的是，允紋真的懷孕了！她一時不知該如何反應，但宗勳激動地馬上跑回家，當場向她求婚。雖然允紋有許多經濟和感情上的顧慮，但也認為這幾個月相處下來很開心，於是點頭答應。

崩盤期

新婚後，兩人同住在屋簷下，允紋開始感受到宗勳內在的空虛，像是個被吸入後難以爬出的黑洞。他要求允紋多花時間待在家裡，但允紋有很多事情要忙，這時他就會不開心。

「我想要妳在家。」他的眉宇間散發著難過與哀怨。

「我等一下要去印報告，還要跟教授開會。」允紋假裝沒注意到他的情緒，看著筆電螢幕不想轉頭。

「妳不覺得我們最近很少待在一起嗎？」

「我覺得我們花太多時間待在一起了。」

「為什麼？妳結婚以後就很冷淡，好像不太理我！」

「我本來就很忙啊！結婚以後更多事情而已。你不也知道，我這週末還要趕去婚紗公司處理合約？你那時候跟對方吵架，他們現在態度超差的。」

「那不是我的錯，他說我穿得不好看。」

「造型師是說換一套衣服我們會比較搭，你不要每次都曲解別人的意思啦。」

允紋總是受不了這點，回頭看了他一眼。

「不管啦，我今天想要妳待在家裡！」宗勳發現終於引起她的注意了，有點開心，馬上又跳回他的要求。

「真的不行啦！你最近不也要換工作嗎？找得怎麼樣了？」允紋有些不耐煩地轉移話題。

「不知道啦！妳不回家就算了，以後也都不要回來了！」宗勳突然暴走。

他覺得允紋根本沒有心想要在一起，如果連這種小事都沒辦法好好「溝通」，這樣家庭和孩子怎麼可能幸福。況且，一被提起找工作的事情，就有種受傷的感覺，似乎在說自己是個沒有用的人，整個人的價值都被否定了。

宗勳非常的敏感，其心思纖細的程度，有如風吹草動就能輕易撥動那條情緒的弦。他可能是高敏感族中，最敏感的那個人。再加上他十分需要伴侶的陪伴，這種吵架也不是第一次了，打從交往開始，因為相處時間的不協調，兩人吵過無數次。

允紋常常心想：兩人就是價值觀不合吧，但哪有一對夫妻的價值觀是完全相同的呢？所以這些只是磨合的過程，久了就會習慣，更何況一討論這個，宗勳就會生氣，無法進一步溝通。

「妳有沒有在聽我說話？」宗勳愈來愈大聲，允紋的漠視讓他更加受傷。

「有啦有啦。」她盯著電腦螢幕，只想趕緊弄完報告。

宗勳眼見自己又被忽略了，伸手往前用力壓下筆電螢幕。

「欸！」允紋也有股火苗從心中燃起。

宗勳假裝不理會，想讓她嘗嘗被忽略的感覺。

但允紋不想吵架，她知道就算吵了也沒什麼結果：「我要出門了。」

宗勳心想這招竟然沒用，對他來說，冷漠比吵架更可怕，所以用更激烈的手段想激怒她，語帶威脅：「妳出門試試看啊！」

他開始懷疑允紋在外偷情，和教授有一腿，這麼常出門是因為根本不愛他。說著說著，情緒也愈升愈滿，壓不住的憤怒讓他把桌子一翻，拿著兩人的手作瓷器往地上摔，硬生生將這段感情打碎。

允紋受不了宗勳這些日子以來的負面情緒，決定和他離婚，把更多心力放回學業和工作上，也讓即將出生的孩子免於受到他的干擾，能夠有個健康的家。

宗勳不願放手，於是先離開家，獨自一人出國散心。而允紋後來成了宗勳口中那個不在乎他的老婆，令欣宜同情不已。

心理分析

宗勳是所謂的「受難者」。他沒有感受過愛，也不曉得什麼是愛，而允紋也是。但兩人的不同點在於，允紋不想找愛，或從小習慣逃避而不願面對。相反的，宗勳努力找尋這種感覺，用來覆蓋不曾被爸媽關心的難受。

只是，找尋愛的過程艱辛，如果不知道自己在找什麼，即使找到了，也不曉得那是他要的。如同和允紋的相處，即使允紋一次次地付出，甚至也與他結婚共組家庭，但對宗勳來說還是不夠，仍不足以填補內心的空虛，需要更多的陪伴。

但更多陪伴指的是相處時間嗎？有一部分是。但更多來自於內心無法填滿的黑洞，需要不斷被關注，需要伴侶時時刻刻在乎他、想著他，才能令他感到安心。

想要共組家庭的夢想，則是為了填補自己沒有家庭溫暖的空洞，裡頭包含了能夠依靠的父親、能夠撫慰心靈的母親，還有手足間相互信任與玩樂的過程，這些能帶給他穩定的安全感，卻都是現實中無法得到的，也才在想像的世界中成形，然後投射到對方身上，期望新家能夠給予他這一切。

但是，只要一感到對方無法和自己永遠相依，這個幻想就破滅了。

另一方面，宗勳從小習慣照顧躁鬱症媽媽的情緒需求，使他變得十分敏感。他有強烈的共感能力，能偵測伴侶的每一句話中是否隱藏著不愛自己的訊號。他害怕一切破壞愛情的可能：像是允紋提到外出，和教授的異性會面令他焦慮；又像是允紋提到工作，工作不穩定使他自卑，覺得自己很糟糕，也成為一個禁忌話題。

允紋總是感到他的憤怒、冷漠，有一種被懲罰的感受。因為宗勳無法忍受伴侶的回應緩慢，對他來說像是忽略、不在乎，而化解的方式就是來場激烈的爭吵或是刻意忽略，如此一來對方就不得不將注意力擺回他身上。

只要一有不被愛的風險，心中的警鈴就會響起，而同一個人響得愈多次，他愈感受到危險，也要用更極端的方式逼迫對方留在身邊，像是憤而摔東西讓對方閉嘴、試圖跳樓讓對方不敢走。強迫伴侶留在身邊就好像心也還陪伴在旁，維持一個假象讓自己放心。但他心底終究知道只是假象，所以永遠不能放心，還是需要不斷確認愛和討愛。

最後，允紋當然受不了宗勳無止境的情緒勒索與生命勒索，早一步離開這段關係。宗勳因此更驗證了「沒有人愛我」，後來又遇見欣宜重複了這個感情模式，也在交友軟體上陸續與幾十名網友聊天、相互取暖。他一直在找尋能夠寄託的人，但始終沒有辦法跟一個人好好相處，因為太害怕對方跑掉後自己就會墜落。即使允紋最後要離婚他也不肯，他需要各種類型的備胎與逃生方式，也使他無法和眼前的人真正相愛。

自卑感

被自卑感滲透的愛

自卑感強烈的人容易找到同樣自卑的人。如同宗勳對自己的身世自卑，也會吸引到對家庭自卑的允紋、對感情自卑的欣宜。潛意識中，配不上對方是令他害怕的，但對方太弱勢又讓他沒有安全感，所以找到的對象通常具有這些特性：

「他要有令我欽佩的地方。」
「他不會比我強勢。」
「他能完全接納我並為我付出。」

自卑的受難者很在意對方能否補償自己的不足，也很在意別人如何看待自己的感情。這是一種因自卑而產生的情感需求：假如對方完美無缺，他便難以面對自己，覺得配不上；如果對方有一些缺點，自己反而能放鬆，或反過來讓對方需要自己。當一個人的自我價值起伏不定，內在需求也隨之膨脹縮小，強迫對方配合起舞。

伴侶關係中，如果只有「需要」與「被需要」的索求，這段感情肯定不會健康，畢竟必須不斷填補對方心裡的洞，沒有盡頭。這也是受難者無法離開一段痛苦戀情的因素。雖然痛苦，但知道自己不會被拋棄，也知道對方痛苦著，兩人處在一段無法沒有彼此的關係，所以持續抱怨，卻也感到暫時的安心。

若一段關係只是為了自身的需求而愛，將需求等同於愛，而沒有真正的情感，那兩人注定要分開。

當知道自己再怎麼任性，對方都不能沒有自己，就能盡情將委屈發洩在對方身上。即使知道這樣不好，但他哀號那股根源的痛，除了眼前這位需要「被需要」的人之外，沒有人接得住了。因此放縱這份苦痛，將受過的傷鞭打在伴侶的身上，就是為了讓對方知道，自己曾經多麼痛苦、無力、難過，想要得到更多的安撫與快樂。這也使得受難者（需要）最容易與拯救者（被需要）相愛，正如【故事1】的宗勳與欣宜、【故事2】的芹萱與崇豪。

這些充斥抱怨的情緒困擾、既愛又恨的情感，容易讓一個自卑的人更沒有安全感，認為沒有人能夠全心全意對自己付出，沒有人能夠關愛與照顧自己。但矛盾的是，他又需要一條繩索抓住，才不會掉入無底的黑暗深淵。因為他搖晃在真實或幻想的危險中，那是一種會被徹底拋棄、貶低鄙視、孤老終生的處境。

受難者會產生強烈的自卑感，因為感受到內在的無助只靠自己無法撐起，需要其他人的協助。也因此容易愛上伴侶的「部分」。與自戀者不同的是，**自戀者愛上伴侶身上「可以拿來炫耀自己」的部分，自卑者則是愛上伴侶身上「可以拿來填補自己」的部分**。外在的像是有錢人的財富、暢銷作家的名氣；內在的像是勤奮者的努力、相處態度中感受到的情緒穩定。這些是自卑者所最缺乏卻又無法得到的，所以透過和對方在一起，甚至融為一體，就好像自己也有了這些部分。如同無所事事的宗動就可能對整天忙碌的允紋與經濟獨立自主的欣宜有種羨慕感。

自卑者的想法是：**一段愛情可以改變命運和生活，無須再改變自己、承擔個人責任**。因此常見到自卑者的伴侶有錢有勢，但彼此價值觀不合。儘管如此，一方面對方似乎已經沒有任何物質缺乏，卻仍需要自卑者帶給他快樂，顯得自己特別有價值；另一方面，自卑者需要安全的物質保障，即使對方不會真的給他，但有一個這樣的伴侶在身邊，就有一種安心感。

把錢視為最高價值，自己又是對方願意撒錢的存在，只有這種時候才感受到對方願意付出，甚至願意犧牲。就像以下的案例。

【Episode 4】Daisy

Daisy被前男友分手後震驚到想死，因為她不懂，對方都為自己付出那麼多，為什麼還會離開她。

她的外在條件很好，常有條件特別好的人追求，但是她最終都拒絕了。大部分的談話中她會自嘆：「對方是個好人，很關心我，但我對他就是沒感覺。」接著陷入自嘲：「我不夠好，始終遇不到對的人。」她把這些人都當作好朋友，儘管他們對自己有追求的意願，但她從來不戳破。一旦有男人將之戳破，像直球式的告白或太頻繁的邀約，她便開始失望，認定對方有「意圖」，並非真的愛自己，也再次感嘆沒有異性真心想和自己做朋友。

在偶爾出來喝酒聊天的關係中，男人們會聽著她訴說顛簸的感情而給予安慰，但她絕對不會和他們發生關係。就算真的做愛了，從此便不再聯絡。因為對她來說，這是一份恥辱，只是用身體回報那些對她好的男人，令她更自卑到想要傷害自己，她也的確這麼做過。

那前男友是怎麼追到她的呢？細問之下，原來對方送了一條五萬元的手鍊，當下她感動得說不出話來，承諾和對方在一起一輩子。殊不知這種付出對於富二代的前男友來說，就像是翻開沙發掉落的小錢。

「你願意為了我付出嗎？」Daisy的心中這樣想著。「無論如何你都會愛我嗎？不論我有多糟糕，比你想像的再爛一百倍，你還是不會離開我嗎？」

從小窮困的她，把金錢視為唯一的救援，無法抵擋愛情中對方的大方，無法客觀看待「付出」的真實性，於是在同類型的感情中輪迴，無法超渡。

影集《摩登情愛》（*Modern Love*）中，上演了每一種痛苦的愛都有美好的結局，不論是同理、希望，或是無條件的關懷。這種「被接受」系列正好打中觀眾現實中的缺憾。那些只在螢幕上或網路貼文中才看得到的完美愛情，補足了對於愛情的無望與自卑。

自卑者最需要的是，儘管對方知道自己不好，但仍能全然接受，他會展示自己內心受的傷，嚴重者甚至是肉體上血淋淋的傷口。但經常以強烈方式表現出來的結果，就是導致愛情變質，像是向對方情緒勒索，或是用言語和肢體攻擊對方。自卑者反覆在驗證的是：「你會不會拋棄我？」但這麼做反而讓人無法接受他，最後真的導致分手。

失去一段感情後更加痛苦難耐，因為找不到能夠拯救自己的人。極度渴望之後，產生極度失望的墜落感，再次強化「我不夠好」的感受。所以在心理諮商中，常見到自卑者分手後，混合了家庭壓力、性別認同、過往創傷，而陷入重度憂鬱，也因為自我厭惡而產生酗酒、自殘、自殺未遂等狀況。

他寧願死，也不願意再接觸到那份被拒絕的羞恥與孤單。

邊緣型人格

你也是極度缺乏安全感的人嗎？

每個人多少帶有一些「邊緣型人格」的特質，只是對受難者來說，這種性格更加明顯。

我們先看看《精神疾病診斷與統計手冊第五版》中如何描述邊緣型人格：

1. 瘋狂地努力逃避現實或想像中的被拋棄。
2. 不穩定且強烈的人際關係模式，特徵為在理想化與貶抑兩極之間轉換。
3. 認同障礙：顯著和持續不穩定的自我形象或自我感。
4. 至少以下兩方面潛在自我傷害的衝動行為（如：過度花費、高風險性行為、藥物或酒精濫用、危險駕駛、暴食）。
5. 一再的自殺行為或態度、威脅、自殘行為。
6. 來自心情明顯反應過度的情感不穩定（如：強烈陣發的不悅、易怒、焦慮，通常持續幾個小時，很少超過幾天）。
7. 慢性空虛感。
8. 不適當且強烈的憤怒，或難以控制憤怒（如：時常發脾氣、總是發怒、一再的肢體衝突）。
9. 產生短暫的壓力相關妄想意念或嚴重解離症狀。

一個成人如果符合上述五項以上的特點，並明顯持續這樣的狀態，形成一種難以改變的性格，那麼可能會被判別為邊緣型人格障礙症。

上述診斷如果用一句話濃縮，就是「持續感到不安」。從外在的穿著打扮、行為舉止，一直到內在不斷懷疑自己是否夠好、活著的意義等等。也因此整天處在緊張焦慮、煩躁易怒的情緒中。

人際關係上，對朋友、對伴侶、對家人則是不斷擔心會被他們拋棄。當沒有得到關注，好像就不被愛了，必須持續做出極端的舉動引起關注。只是這些舉動，總是讓自己深陷更情緒化的衝突中。身處焦慮與平靜的邊緣，在內心與自己打架。

當我們受到創傷後會變得敏感警覺，也容易和旁人起爭執而再次受傷，因此對於周遭人事物的風吹草動更加敏感，形成惡性循環。在這個循環中，一種人會走向極端否認和避免情緒發生，另一種人則會走向極端的情緒炸裂，而持續介於這兩者之間的狀態，就是邊緣型人格。

以心理治療的觀點來看，「邊緣性」指的是身處在精神官能症和精神疾病的交界。他的焦慮、憂鬱、想像，並沒有到達強迫症、重鬱症、思覺失調症的嚴重程度，但情緒來臨時，又嚴重到「像是」這些症狀，因此嚴重的邊緣型人格者經常在身心科門診與急性病房遊走。

邊緣型人格者仍能維持一定程度的自我掌控能力，但又敏感到無法忽略某些訊息而感到不適。這些訊息通常是從小攻擊他、忽略他，甚至要遺棄他的可怕訊號，以致長大後接收到類似訊號時，馬上產生防衛性的反擊：「不要再拿這種話來傷害我了，我沒有辦法再承受情感上的威脅！」正如宗勳無法忍受允紋的回覆太慢、陪伴不夠、忙於論文，這些都讓他勾起曾被爸媽拋棄的感受，於是高敏感的他開始懷疑允紋和教授有一腿。

他難以處理內心的衝突，容易感到強烈的不安，產生大量的負面情緒。他太害怕對方會離開自己，同時又太害怕明顯依賴對方時會完全失去自我，顯示處在依賴與獨立的邊緣地帶。

而處在邊緣地帶，卻無法讓他好好思考自己要的是什麼，相反的，他的思考總是黑白分明，沒有灰色地帶，畢竟不確定感太強烈了，必須讓許多事情確定下來，才不會有種心懸大石的緊張感。所以來到感情中，即使需要伴侶的愛，然而一旦嗅到對方的不理解、損及自尊、可能不會接納自己，便很難說出口討論，因為那代表要接納對方仍不是全然愛著自己的模糊感。於是，他會先行離開這段關係，再找下一個可以完全接納自己的人，正如宗勳沒有處理完與允紋的婚姻問題，立刻投入欣宜的懷抱。

某些時候，他又會感到世界是如此絕望，沒有任何人事物能夠拯救自己，也就難以獨活。像是以下的案例。

【Episode 5】Erin

Erin常年有割腕的習慣，只要和男友吵架，一定會拿美工刀一痕一痕劃開前臂的皮膚，然後再告訴男友，她又自殘了。她想讓男友心疼自己，讓男友知道不該對她發脾氣。

某次的激烈爭吵後，Erin又接到家中的來電：媽媽被爸爸毆打，想找她討拍。她耐心聽完媽媽的抱怨後，冷靜地走向陽臺，傳訊息給男友：

「我要跳下去了，你要來救我嗎？」

她的內心再也無法忍受這些衝突與挫折，只能以行動表現出來，她真正想說的是：「你有看到我內心的傷口嗎？你能了解我想要傷害自己的衝動嗎？你能一直陪在我身邊安撫我，保證永遠不會離去嗎？」

因為感受不到愛，所以用「強烈的照顧需求」來抓住一個人，讓對方不會離開。例如：

「如果我受傷了，他應該會來關心我。」

「如果我嘗試自殺，他一定會注意到我。」

「如果我表現得極為脆弱，他就會來關注我。」

幻想是腦中對於現實的想像，但妄想就是將腦中的幻想加工成欲實現的願望。邊緣型人格者經常無法活在現實中，而從現實退行到幻想，從幻想扭曲成妄想，再把這些妄想表現出來。

會出現妄想的原因，無非是心中的願望難以實現，甚至是幾十年來從未實現過，這種願望肯定是最深層的渴求，例如被愛、被尊重、被關注。他會做出許多旁人看來「瘋狂」的事情，像是拿頭使勁撞牆只為了讓對方聽自己說話、坐在十一樓的陽臺邊希望對方前來陪伴、聲嘶力竭地哭喊讓人來抱他。如同宗勳用搞消失、鬧自殺、摔東西等行為來引起允紋的注意。

伴侶無心的一個小動作，在他的想像世界中，都容易誘發過往被拋棄的經驗，讓現在的他感到伴侶「已經」不要他，於是產生大量的不安。原本「無心」的小舉動，在他眼中都變成「有意」停止這段關係的作為。

邊緣型人格即是在極度害怕被拋棄下所發展出來的自我保護機制，因此經常混合多種不同人格，以便隨時能夠保護自己。像是加入自戀型人格的高傲，用自我膨脹來躲過內在的脆弱；或是加入做作型人格的樣貌來吸引他人關注。

他渴望討回被剝奪的愛，因為愛像是膠水一般，將自我的心碎歷史重新完整拼湊。否則，當再次感受內在的支離破碎時，只能用身體極端的疼痛，勉強感受到自己還存在。

自殘的衝動，是為了填補內心的洞

許多經歷過童年創傷的人，長大後都有相似的感受：容易空虛、莫名憤怒、無能為力而哀愁。

如果無法宣洩這種情緒，通常會跑到身體裡，變成腰酸背痛、頭暈耳鳴、胃食道逆流等狀況。尤其夜晚獨自坐在書桌前、躺在床上焦慮失眠時，東想西想會使腦袋靜不下來，有一部分的人感受到精神逐漸分崩離析，為了跳脫這種可怕的感覺，發展出某些「能集中意識的行為」來鎮定自己，因此需要以更強烈的身體感受緩解焦慮和確認自己的存在，這些身體感受來自於兩種自殘行為：

1. **被動自殘：**透過看似帶來愉悅或驅趕煎熬的行為，無意識地傷害自己。像是暴食、酗酒、刻意熬夜、危險性行為。
2. **主動自殘：**透過強烈的痛楚，明確知道正在傷害自己。像是割腕、撞頭、燒燙傷。

以被動自殘的酗酒為例，很多人去酒吧或夜店，每次都喝個爛醉，不省人事；有些時候只是下班、放假、一個人在家，都有想要喝酒的衝動，把自己灌醉。為了宣洩負面情緒，酗酒成為一種既快樂又痛苦的複雜感受。尤其知道正在傷害自己，卻又因此得到舒緩，容易產生羞愧感——只能透過傷害自己來得到救贖。

主動自殘的範圍很廣，常見的是拿美工刀割手臂前端的正面或背面，個案也會把自己掩飾得很好，用運動手環或長袖外套遮起來，因此旁人不會發覺。另一部分的人，也許沒有到毀壞身體那麼強烈，但是會用力捏大腿、捶打後腦勺、無意識地發生小意外，這些都是嚴重自殘前的徵狀。再前進一些，還有一小部分的人嘗試觸碰打火機的火焰，雖然很快就因為害怕或太燙而收回，沒有造成真正的傷害，但其實心底感受得到，有一種快要被壓倒、毀滅自我的衝動在醞釀著。

自殘的想法可能源自於從小長期處在情緒化的環境，因為無力阻止衝突發生，進而極端否定自我價值，覺得自己不夠好。很多時候，家庭中發生惡性爭吵、打架、分離，我們只能站在旁邊勸架、逃離現場，或等待結束後安撫其中一方。小小孩時期的我們，總有三個想法接續出現：

1. 為什麼你們不停止？
2. 為什麼我無力阻止你們？
3. 是不是我的錯？

第一種情況中，孩子對父母是憤怒的：好端端的一個家被搞成這樣，碗碎了、門壞了、愛散了。「難道身為大人的你們，沒有看到這些結果嗎？這是你們想要的嗎？」孩子還是會安慰母親沒有關係，告訴父親自己會努力讀書。但在心底，對於父母無法負起一個家庭的責任感到生氣。

第二種情況中，孩子反過來對自己憤怒：他只能承認自己的無能為力，因為力量太小，說話沒人要聽，只好關回房間。那像是一種懲罰，只能聽著隔壁的人受苦卻無法救援，感到著急又焦慮。它向內形成一股怨氣，在長大後的生活不吐不快。他需要去救人，證明自己是有用的，某種程度上也像是對於沒能拯救當初的家庭所做的補償。

最後的情況是，孩子對自己失望，對外界無能為力，改由承認自己不夠好，因為如果夠好的話就能停止紛爭。他找到一個原因，好像就能控制問題、解決問題。所以努力向外發展，課業、打工、變成一個積極的人——過度積極的人，好像就能做出改變，不會犯錯，不再讓家庭陷入爭吵的困境。

但在這種環境下長大，孩子無法真的樂觀，總是帶著光鮮亮麗的外表，過著千瘡百孔的生活。內心退縮封閉，不想與人接觸，社交恐懼變成一種保護自己的方式。

自殘者總是比表面上看來更痛苦。這份苦雖然透過痛得以獲得緩解，**但自殘者真正需要的是一份善意的傾聽**。如同強迫症的個案告訴我，他想去洗手時，就沒那麼焦慮了；自殺意念強烈的個案告訴我，他想自殺時，就沒那麼想自殺了。許多人不了解心理諮商做了什麼，如果你直接問問個案，會發現他們的答案驚人得一致：

「因為你可以聽我說。」

「你好像理解我。」

「我覺得你不會被我嚇跑。」

他們在說的都是：「**你看見並了解後，還能接受我真正的模樣。**」

當能與他人產生連結，發現世界上還有人願意聽自己說話、聽得懂自己真正想表達的事情，而且不會輕易遠離自己，那是莫大的慰藉。可以放心將積藏已久的往事、懊悔受辱的回憶、從未勇於說出口的羞赧，一字一句緩緩吐出，感受到被這個世界重新接受。

當內心的空缺被看見且被接受，那份衝突感才會開始化解，可能不會很快，但能漸漸感受到世界上還是有愛，能感受到不會被無情地拋棄，也才想撿回破碎的自己。

小結——反覆被拋棄的童年

「物體恆存」是兒童心理學中很重要的環節，說明的是孩子能否理解眼前的人或物不見時，不是真的就此消失，只是暫時沒看到。

同樣的，當我們還是個孩子，也需要了解父母不會真的離開自己，只是暫時處在情緒中。但如果孩子持續反覆感到父母好像真的不要自己，從父母爭吵後的不煮飯、言語上的「你只是撿來的」，到實際被丟在外面、被遺留在家中好幾天，都會使我們覺得父母的愛真的不存在了，無法將愛保留在心中。於是孩子不再相信他人的情感，不再感受到穩定安全的關係。像是宗動的家庭：媽媽狀況好的時候對他又親又抱，但躁症發作會破口大罵，憂鬱症發作又會完全忽視他；而爸爸喝酒前會照顧媽媽和宗動，但喝醉後又會毆打兩人。這些都讓他無法信任這些愛，也讓他的自我價值不穩定，需要伴侶待在身邊對他好，才覺得愛是存在的，伴侶一離開身旁就擔心被拋棄。

這是個深不見底的內在坑洞，需要透過更大量的「安全感」才能補回。但安全感是一種感覺，不是實體的東西，難以確認它的存在、究竟需要多少才能放心。這時，仰賴的是能否「信任」對方，可惜的是，信任也是個看不見摸不著的透明體，無法安撫焦躁的心。

愛情中常見到，伴侶明明給予充分的安全感，自己也信任對方，但始終有一份難以抹滅的恐懼感。這種恐懼感的最初根源，總是來自於原生家庭——一個讓人最溫暖的地方，卻也可能是最令人心寒的窩。

當然，有些人可能會說：「我的父母很好，跟他們沒關係。」但在諮商中更多的狀況是，個案極力否認是為了維護父母形象，即使再沉痛，也被「不能玷汙父母」的隱形信念所影響。又或是，父母真的做得夠好了，但自己就是覺得被忽略，像是下班後花五個小時陪小孩玩，對父母來說已經夠多了，但在孩子的主觀認定中就是不夠，也擔心會愈來愈少，害怕失去的情緒也益發強烈。

這無關乎父母對錯，你的感受，才是最真實的。當時的我們，還不懂得表達，也就沒有及時補償的機會。

我們從小與父母的相處過程中，不斷學習「分離」與「獨立」的能力。在這過程中，若孩子感受的安全感不夠，甚至是要被拋棄了，就會感到恐懼，想盡辦法也不要離開。但是，家庭的現實面往往不盡人意，工作忙碌的忽略、暴力爭吵、親密成員過世等狀況，都可能讓孩子感受到失去安全的連結。更不用說虐待、藥物濫用、極度貧窮的狀況下，孩子的內心會有多煎熬。

心理治療師蘇珊．佛渥德（Susan Forward）與克雷格．巴克（Craig Buck）在著作《跳痛的愛》（*Obsessive love : When It Hurts Too Much to Let Go*）中寫道：「當我們生長在一個不健全的家庭下，一個尊重、關愛、認同和保護等需求都被無視或粉碎的環境中，分離過程所需面對的困境將不僅只於被打擾，而是完全脫軌。」

孩子急於脫離這個家，但又無法真正離開這個家，因為終究是自己的初生之地。

血緣上，他遺傳了相似的特質，近似於某種命定的歸屬，像是鏡中看到同樣下彎委屈的雙眼，馬上勾起有個人就在近處，卻無法貼近取暖的失落。對宗勳來說，很需要人陪伴時，總是想到和媽媽憂鬱症發作的狀況很類似，但他又無法得到媽媽的安撫，這時就更失落了。

地緣上，無論再怎麼憎惡，看著這個破碎的家，也會想要有一個「正常」的家庭。對宗勳來說，他也希望父親不會每天拿酒瓶往地上摔、母親不會以死相逼，心底深處仍舊想要有個歸屬。

矛盾的內外親緣相撞，讓他對家的態度始終遙望，始終念念不忘。而帶著這種情緒，進到伴侶關係後，彷彿看見曙光。

蘇珊·佛渥德舉了一個例子：我們對世界的認識，就像一位離開屋子、準備去森林探險的小女孩。路途中，遇到這輩子從未見過的動物。受到驚嚇的她，趕緊轉身往家門逃去。而擁有一個健康家庭的孩子能在回家後得到安撫。父母會調查那隻動物，溫柔地告訴她，那隻動物是無害的，鼓勵她繼續探險。

但若她來自無法提供安撫的家庭，回家後發現自己被鎖在門外，一邊急躁地瘋狂敲門，一邊害怕未知的動物逼近。當她從門縫看見一絲光線，似乎有點希望而敲得更急促，但始終沒有人出現，她的情緒也被愈逼愈緊，使勁地敲打門板。

而直到現在，不安全感使她依舊敲著那扇門，只不過把父母的門換成伴侶的門。她深信在這扇門後，有著治療內心恐懼的解藥。儘管明白住在裡頭的不再是當初的父母，但門縫透出來的微弱光線，再次點燃孩童時期急切渴求的盼望。於是，瘋狂敲門的偏執之愛，成了常態。

心理諮商中討論到最常見的狀況就是：**伴侶關係總是家庭關係的複製品**。也因此在討論愛情帶來的傷害時，不管是在一起痛苦卻分不開、分手過了十年仍忘不掉，還是想把伴侶雕塑成心中完美的模樣，最終的探索，都會回到影響自己最深遠，甚至早已藏入潛意識的家庭關係。

唯有再次看見那扇門，輕輕推開那扇當初撬不開的舊門，才有機會認清過去與現在，心中的聲音能夠悄然地告訴自己：

「我已經不是當初的小孩了，我可以保護自己，不用再害怕外面那頭野獸。」

Part 2

第 2 部　「受難者」的愛

Chapter 4

第 4 章　「我要愛得轟轟烈烈，撕心裂肺！」

STORY 4

受難者 芹萱 vs. 逃避者 志傑

欣　崇　宗　芹　允　志

＃愛情強迫症　＃愛情成癮　＃浪漫成癮

Part 2 「受難者」的愛

Chapter 4 「我要愛得轟轟烈烈，撕心裂肺！」

STORY 4

受難者 芹萱 vs. 逃避者 志傑

志 芹

「我覺得我不太對勁。」

芹萱沒有辦法一個人在房間待著，只要是一個人，就必須放很大聲的音樂、韓劇一集接著一集播下去，或乾脆躲回被窩闔上雙眼。

她在臺中的大學畢業後，成為少數上臺北工作的人，與朋友的聯繫也愈來愈少，有的出國念研究所、有的留在當地工作、有的變得陌生了。大學畢業後，很多人容易遇到的狀況即是朋友圈忽然縮減，被限制在某家公司或某個組織裡，不善社交的人不像在學校有經常與人合作或碰面的機會，變成只有一個人。

芹萱的生活沒有重心，一直在他人的期待或壓迫下長大，覺得生活了無生氣。因此人生中第一次遇見愛情時，有了自己想要追求的事情，原本無趣的生命也有了意義。

漸漸的，愛情成為生活的重心。

諮商期

芹萱兩年間換了五任男友，崇豪就是其中之一，在刺激的幾個月中，她感到重新活了過來。但沒有一段關係讓她覺得滿意且想持續下去。有時候背著男友出去和其他男人曖昧，反而讓她好受一些。為了維持這份興奮感，她經常做出自己都料想不到的事情，甚至說出自覺噁心的話語、害羞的舉動，之後又後悔不已。

芹萱想找尋的其實是家庭的溫暖，但這些男伴和溫暖一點關聯也沒有，因為她感受不到任何的歸屬感。

「妳有感受過愛嗎？」我問她。

「我都覺得我就是為了愛情才誕生的。」芹萱笑著回答。

「那誕生了這麼久，哪一段關係讓妳真的覺得有愛呢？」我也笑著反問，我感受到她正在迴避。

「嗯……好問題。」芹萱的眼神朝下盯著地板，噘著嘴像是個做錯事的小孩。

芹萱的爸爸在她小學時生病過世，由媽媽獨自撫養長大。儘管從小被灌輸爸爸是個花心又敗家的人，但在記憶中爸爸對自己很好，會載她去海邊兜風、買小禮物和小蛋糕給她，還會不時變個魔術來點驚喜，因此芹萱喜歡爸爸，心裡希望媽媽離開，不要再說爸爸的壞話。

她與爸爸的相處有些曖昧，從小的願望就是嫁給爸爸。爸爸似乎和媽媽感情不好，她更加認定自己就是爸爸的情人。

「聽起來妳像是在找爸爸的影子？」我嘗試從她的話中做連結。

「可能……是吧？」

「提到爸爸，妳會想到什麼呢？」

「我常覺得愛情可以改變一切。」

芹萱總相信會有一個如同爸爸的人，再次點亮她的生活。

回憶失控期

她回想起兩年前和志傑的相遇。

當時，芹萱固定會去幾家不同的咖啡廳讀書，志傑則是不時會來找這家老闆閒聊的客人。

「最近很常看到妳！」某個冷清的下午，只有兩人在咖啡廳，志傑主動閒聊。

「我正在準備期末考，所以都跑到外面看書。感覺你也很常來？」芹萱料到會被搭訕。

「對啊，平常跑完客戶就會來這邊喝一杯，妳知道這裡晚上是酒吧嗎？」

「真的嗎？」

「哈哈，妳都沒發現嗎？」

「我讀完書就走了，很少待到晚上。」

「只有每週五晚上，這週也有，要一起來嗎？」

「好啊！」

那個週末晚上，兩人過得十分開心，芹萱也慢慢喜歡上志傑。

後來，芹萱每天都會來等他，雖然志傑因為工作性質而來去不定，她仍舊每天期盼他的到來。

原本芹萱就會去咖啡廳，但也只是讀書無聊替自己找的樂趣而已。志傑出現後，芹萱彷彿重新活了過來，真的有一件事情是自己每天期待的，腦子裡時時刻刻都是志傑，顯然成為她的生活重心。

只是，兩人的關係並不如想像中的發展。志傑來到咖啡廳和芹萱閒聊幾句後，會載她去吃飯，接著去汽車旅館，完事後就離開。芹萱感覺到志傑並不想進入一段關係，但對她來說目前這樣也就足夠，畢竟對方難得聊得來，外表也順眼，又對自己有一絲興趣。

再加上她也知道，自己心裡想要談戀愛的衝動太強烈，先前每一次可能發展的感情中，由於傳送了大量的訊息，讓對方備感壓力，火花漸漸被澆熄。這一次，她忍住了，想要保持這樣的關係試試看。

但芹萱心裡還是很煎熬，一直在想著志傑正在做什麼、想什麼、喜歡什麼。所以偶爾還是會偷偷塞卡片到志傑的包包裡、假裝不費力地送條手織圍巾和超商集點小物，都是為了給對方驚喜，讓對方更愛自己。

然而，志傑終究不想和她在一起，芹萱也知道他並不是適合的人。而愛情的奇妙就在於，當對方想把你推開，你也並不想要這段關係，卻因為感受到快要失去對方了，反而更想拉住他。

某一次從旅館回程的路上，芹萱終於忍不住了：「我覺得我好像有點喜歡你。」她坐在副駕駛座往志傑的方向看去，刻意說得委婉。

「嗯……妳應該知道我沒空談感情吧。」志傑認真看著她，但這個認真似乎在說著有一天會想談感情。

「大概有猜到，沒關係，先維持這樣也可以。」芹萱不想要他離去，暫且接受。「嗯。快到妳家嘍。」志傑的語氣始終曖昧。

芹萱說出口的當下其實是矛盾的。一方面心中明知道不適合、不該說；另一方面又害怕對方不想要自己，忍不住要說。

當天分開後，芹萱非常痛苦，不斷想起和志傑相處的美好時光。她想到，兩人並沒有在一起，而這個人也不會和自己在一起，整個晚上相當煩躁。她無法停止思考：志傑會不會因此討厭她、志傑是否會離開她、如果失去志傑一定很寂寞。

在朋友的建議下，她第一次下載交友軟體來分心，想上去找個人聊聊。這也使她發現另一個世界，進入大量更換伴侶的時期。因為太需要有人陪在身邊，只要看到好像還可以的人，也許是外貌、個性、財務，總之就和那個人在一起看看。

對她來說，那是混亂不堪的兩年。

心理分析

芹萱難以獨處，因為一個人的時候容易東想西想，煩躁的感覺油然而生。她以為自己只是坐不住，但細細了解後才發現，這個情況是從爸爸病危住院後就容易坐立難安，很難靜下心好好讀書，任何事情都做不好，也逐漸不曉得生活要做什麼。

生活沒有重心，通常代表一個人失去創造力。當內心無法自由開展，肯定是被某些力量侷限住。但要侷限住一個人的心，是很困難的，除非這個力量足夠強大，因此心理諮商中才需要追溯過往的巨大事件。

我們的談話中，芹萱最常直接迸出口的，即是與爸爸的相處、爸爸的過世。從小她的生活繞著爸爸轉，爸爸騎車去到哪邊就跟到哪邊，像是她生活的全部。在她小小的腦海裡，總是想像著和爸爸的兩人世界多麼開心，隨時有驚喜出現，像是王子與公主般快樂的生活。

相反的，媽媽成了一個阻礙，因為媽媽只會說爸爸的壞話，芹萱很不開心，卻又不敢吭聲，因為難以介入大人的世界。爸媽每次吵架，爸爸被指控在外面有女人，芹萱都不相信。但與其說她不相信，倒不如說她想要站在爸爸這邊。她認為媽媽不夠愛爸爸、不相信爸爸，而她相信爸爸，如同爸爸告訴她沒有小三就是沒有小三。

爸媽感情不好，讓芹萱也過得不好，因為媽媽總會遷怒她，爸爸也會消失不見。她告訴自己：「以後長大結婚，絕對不要像媽媽一樣。」她相信她的愛堅定不移，就像是對爸爸的想法從未變過，只要聽到媽媽的詆毀，就會自動掃去那些質疑的聲音。尤其是爸爸帶她出去玩以後，瞬間一掃家中低迷的陰霾。

一方面是娶錯人就會難受，另一方面是跟對人就會開心，這些逐漸使芹萱建立起「愛情可以改變一切」的想法。

芹萱以前功課好、喜歡笑、愛去海邊，這些都是與爸爸一起培養出來的，有一部分也是做給爸爸看，希望他開心。所以爸爸一離去，原本的生活就崩塌了，她感受不到生活的任何意義。因此她更想找到一段感情，找到爸爸的替代品。

志傑就是一個適當的人選。芹萱起初不曉得為什麼，但在諮商中發現，他就像爸爸一樣經常不見蹤影，出現時又是獻花的浪漫與性愛的激情，每次相遇都很開心。芹萱對志傑的態度也像對爸爸一樣，選擇不去看有缺陷的地方。

如同【故事2】與崇豪的相處，崇豪會帶她去海邊走走和吃高級餐廳，也擅長花言巧語逗她開心。自戀的崇豪正好滿足芹萱想被當作公主對待的渴望，也協助她不用再面對討厭的媽媽，尤其是媽媽說崇豪「聽了就不是什麼好東西」時，像極了以前說爸爸壞話的情況，讓她更想反抗媽媽，也甘願於崇豪的慾望控制，對扭曲的關係睜一隻眼閉一隻眼。

每次莫名喜歡上一個人，芹萱都會問自己：「怎麼會這樣？」然後用一個「可能我喜歡他吧！」來合理化這些行為舉止。如果沒有這個解釋，就必須面對失去爸爸後，自己也失去生活意義而想在愛情中找尋寄託的難堪，這個真相令她感到自卑而無法接受，所以更傾向歸因於真的喜歡這個人。

我問她「妳有感受過愛嗎？」也是因為芹萱曾注意到從小就一直在找愛，所以她是沒有找到？還是從不知道什麼是愛？

芹萱的回答「我就是為了愛情才誕生的」加上對父親的描述，說明她體驗過愛，但是不見了之後好想找回來。現在的她，把愛情視為最高嚮往，沒有其他事物比愛情還重要，也代表她可能為愛犧牲、委屈、受苦，寧願痛也不能沒有愛。這種情況下，她的感情肯定風雨交加。

自己的狀態若不穩定，感情也容易變得不穩定，這也是芹萱來諮商的主因。因此我再追問：「哪一段關係讓妳真的覺得有愛？」她會如此渴望愛，可能是因為之前沒有過這種經驗，又或是有一段極為創傷的經驗。

情感創傷可能讓人出現愛情強迫症、愛情成癮、浪漫成癮等狀況，這些對

「愛」的極端行為出現時，也代表著內心不被愛的感受是同樣極端強烈。

故事中我們可以看到，芹萱從失落的家庭中爬出，想要找到另一份無條件的關注，但屢屢失敗。不停找到類似的人、重複過去的行為模式，因為想要從愛情中獲得救贖的衝動太過強烈，伴侶又一再地從眼前離去而受傷，最終難以看清眼前的人是否合適，不停地交往，卻也不停地感到挫敗。

這種狀態，也將在後續的故事中看到，她在交友軟體上遇見允紋後，逐漸從一位堅信愛情的「受難者」，轉變成不相信愛情的「逃避者」。

愛情強迫症

無法真心信任伴侶，需要不停確認、一再保證

有些人在工作或人際關係中沒有什麼問題，但只要進入愛情就像是換了一個人，變得極端依賴，容易被強烈的不安所困，無法信任伴侶，不斷要求愛的證明。

這樣的人會走向兩種極端：

1. 乾脆不談戀愛：【故事6】會再透過芹萱的案例來分析。

2. 強迫對方給予安全感：如同以下的案例。

【Episode 6】Gina

「我覺得我有愛情強迫症。」Gina淡定地說。

「怎麼說呢？」這是我第一次聽到有人這麼描述自己。

「一到半夜，只要腦中出現男友可能不愛我的念頭，就會害怕到呼吸急促、手腳冰冷，我需要趕緊打給他，問他愛不愛我，他說當然愛啊。一開始這樣就好了，但慢慢的，我需要愈來愈多，我要他開視訊。直到現在，我要他來我家親口告訴我。如果他在工作或睡覺，有幾次凌晨三點我會騎車到他家，聽到他說愛我才放心。」Gina冷靜的程度，令人難以想像發作時有這麼大的差別。

職場上的她，是一個事事要求效率的女強人，很快晉升到高階主管的位置。當下屬需要幫忙，她會手把手教導每個環節，非常有耐心。如果是朋友失戀，她會聽對方訴苦，給出客觀實在的建議。

但當自己身陷感情困擾，她形容自己的安全感「灰飛煙滅」，極度害怕被拋棄。三個小時要確認一次男友在哪邊，不斷需要語音訊息回覆。她最擔心的就是男友在外偷吃，雖然從沒發生過，但可怕的念頭在腦海中揮之不去。

連續三任男友都被煩到抓狂，再多的溝通和包容都無效，最後只好分手。

除了感情議題之外，我經常處理憂鬱症和焦慮症的個案，而強迫症就是容易產生大量焦慮的狀況。

近年與強迫症個案諮商的過程中，我發現一部分的人並非是一般的清潔洗手、數數字踏步，或是硬要把便利貼和釘書機平行放置，他們的強迫症情況是出現在伴侶關係中。原有的強迫特質再加上感情中的不安，總是導致關係炸裂。

上述的Gina就是一位極端的愛情強迫症案例。但強迫症是一個光譜，並非「有」或「沒有」就能說明，而是一分到十分嚴重程度的差別。這也使得許多其實落在六、七分的人不知道需要專業的協助。

如果一個人急需一段愛情來填補，甚至不停確認這份愛是否存在，表示其內在恐懼到了難以忍受的程度，會要求伴侶各種增加安全感的行為，弭平內心的起伏不安。例如以下：

「我知道他愛我，但只要想到他會離開，我就要他保證愛我。」

「我需要每天檢查他的手機，看看有沒有其他女生的訊息。」

「我要他開啟定位App，去到每個地方都要拍照給我看才能安心。」

這些行為背後的強迫思考是：

「覺得對方會不愛我。」

「他跟其他異性有聯絡的話，心就會飛走。」

「擔心他偷偷背叛我。」

所以對應的強迫行為即是：

「一直問他愛不愛我。」
「每天檢查他的手機，把異性好友刪除。」
「要他隨時報備去哪裡做什麼。」

這種強迫的愛可能強烈到成癮的地步，通常具有以下四種特點：

1. 有一個讓你甘願傾注所有心力的伴侶。
2. 感覺內心缺失了一塊，期待對方能填補。
3. 對方做了所有保證，依舊無法信任對方。
4. 沒有對方會痛苦到產生衝動、脫序、自毀行為。

愛情強迫症者的心底大都知道，對方根本不會出軌，甚至深深著迷於自己，但就是沒辦法不去想，沒辦法不去做些事情來讓自己「放心」，即使某些行為自己都覺得太詭異了，像是跟蹤對方、檢查臉書上線下線時間、欺騙對方自己出車禍好讓他回到身邊。他們就像多數強迫症患者一樣有所謂的「病識感」，但仍舊無法停止自己的思考和行為。

這種狀況通常從小就開始，但自己不容易發覺。它會從各種人際關係顯露，像是和父母其中一方的關係特別黏膩、在家裡幾乎沒有隱私、和閨蜜好友之間容易產生妒忌、和自己愈親近的人愈想控制他們。

愛情強迫症者對於情感的需求特別強烈，無法忍受沒有人在身邊。尤其現代網路發達，經常整天聊天和看動態，隨時都能了解身旁朋友的感情狀態，感到與人有連結，而能暫時舒緩對愛情的渴求。

愛情成癮

當愛情成為生活必需品

如果你發現自己在關係中總是忐忑不安，總是在強烈的情緒中擺盪，很可能是對「愛」成癮。

愛情成癮者無法接受一段感情變得平凡，不再像電影或小說那麼興奮、刺激、甜膩。他的愛情會逐漸走向極端的形式，但終究又會因為沒了激情，再來個戲劇性的分手。

如果說愛情強迫症者需要感情的救贖，但只在有感情的時候換了一個人，那麼愛情成癮者就是更進一步，隨時都需要處在有感情的狀態。

愛情強迫症者一次只針對一位伴侶，在關係內鬧哄哄。但愛情成癮者需要多位伴侶，強烈的需求使他得在原本的關係外撫平這份不安，也較容易離開原本固定的伴侶。就像以下的案例。

【Episode 7】Iris

Iris是一位專帶歐洲團的導遊，每次帶團員回飯店休息後，都會獨自前往酒吧，和陌生人調情一整晚。她想要的不只是一夜情的關係，對她來說，只是身體接觸還不夠，更多時候是想要了解對方的生活如何、感情觀是什麼，又或是能一起在希臘小河邊唱歌。

她和陌生人墜入情網，到哪邊都會私訊分享自己的生活。直到下次見面，又能炙熱相擁。但陌生人不曉得的是，她每到一個城市，都會找一位陪伴自己的對象，也承諾兩人的伴侶關係。截至我們諮商為止，她同時有七個男友和兩個女友，還不包括在臺灣快要結婚的男友。

每次傳送訊息都是群發，這樣就不會在想要分享喜悅時，沒人能夠一同開心，也不用擔心突然陷入低潮時，沒人能夠接住自己。

她太害怕沒有人在身邊，雖然能夠獨處，但總需要感受到自己是被愛著的。只是這份被愛的感受，她也說不清是什麼，因為每個人對待她的方式都不同，唯一的特點是：倘若不再感到新鮮，就會趕緊找尋下個對象。

愛情成癮者具有下列四大特點：

1. 難以忍受平淡。
2. 心中隨時有備胎。
3. 具有強烈的不安。
4. 無法離開愛情，卻又無法擁有穩定的關係。

對愛情成癮者來說，愛情是一種存活必需品，如同氧氣一般。為了能夠呼吸，會做出連自己都沒想過的事情，像是偷情或是成為第三者，也容易因此鄙視自己。可是當自我變得脆弱，需要情感的支柱，剛好身邊又有人追求，不論這個人的狀態如何，只要看對眼，很快就掉入一段關係。

由於情感需求太強烈，對一般程度的愛沒有感覺，更加浪漫刺激的愛才足夠，因此無法接受一段感情趨向平淡。每個伴侶過了熱戀期的親密後，若相處時間減少，就感受到自己被丟下了。

非典型關係成癮者

這時，一部分的愛情成癮者寧願找尋新的關係，也不要在舊有關係中持續痛苦。但矛盾的是，他也不會真的和前任分開，因為若有需要，還是會回去找前一位伴侶。在手機名單中，有著滿滿的前任伴侶、現任伴侶、新的曖昧對象。他需要隨時「補充」這些人，以防在情緒陷入低潮時必須自己一人面對。像是【故事3】的宗動不會與允紋斷了聯絡，也像是【故事4】的芹萱後續不斷找人發生關係。

他可能會用「開放式關係」當作理由，但真正的開放式關係是建立在信任之上。相反的，他對每個人都抱持著不信任的態度，即使和其中一人的相處非常開心，仍然擔心對方不愛自己，或又出現被丟下的感覺，這種感覺他太熟悉了，也知道肯定會再次發生，所以總是感到不安。

再加上，經歷這麼多段愛情之後，也對愛產生「耐受性」，就是對愛的感受性降低，需要更高劑量才能滿足。原本七分程度的激情就能滿足，但不斷的外求無法填滿心裡的洞，反而被麻痺了，需要九分的激情才能滿足。

因為他不曉得自己要什麼。

這也使愛情成癮者走向更極端的關係，尋找更多的床伴炮友，但心又不會放在特定的人身上。這種關係與其說是伴侶，倒不如說只是陪伴的對象。這份無法被滿足的愛，使他對這些人感到失望，貶低他們膚淺，經常抱怨：

「為什麼沒有人是真心的呢？」
「我的感情很不順。」
「男人／女人都是一個樣！」

他確信自己是感情中的受難者，因為尋覓了這麼久，每次都無疾而終。他無法看見真心的愛，無法接受愛情會從激情轉向平淡的親密，也才不斷抱怨感情顛簸。始終需要他人來滿足，所以找到的都是同一種只要快速激情的對象。

最後，他只能搶先離開對方來保護自己，可能是減少聯絡，但又會在社群上偷偷關注，把對方當成備胎降低期待感，免得先被拋下。他也會再找其他人，避免感受不到原本對象的愛而痛苦。

典型關係成癮者

另一方面，也有一部分的愛情成癮者選擇留在關係中，但當熱戀期已過，必須面對日常的瑣碎和話題的漸減時，為了重獲興奮感，會在關係中尋求「再次感受到愛」。最常見的強烈刺激就是「求婚」，此時可以將大量心力投入討論婚禮、婚紗、喜餅、蜜月旅行，私下策畫求婚驚喜、如何用喜帖炸朋友等等。

從求婚到結婚的過程很短，經常是一股衝動，只是這股衝動被現代文化中的電視、電影、雜誌給浪漫化了。事實上，經常是為了填補失去熱戀期的空洞，如同婚後被日常沖淡後，很多人開始計畫「生孩子」，用「階段性任務」「時間差不多了」來合理化這些這份空洞，如果不仔細分辨可能會被混淆，因為的確有這個時間或階段的需求，只是愛情成癮者大多不是因為這個需求，而是被內在的匱乏感所驅動，才做出這些行為來避免百般無聊的生活。

成癮者的想法大多不是出自於愛，而是內在空虛的補償品。他對伴侶、同事、家人總是感到失望，覺得對方付出得不夠，所以追求時也會「示範」給對方看，像是在說：「你也要這樣對我。」但除非他先滿足自己，否則沒有人能夠滿足他，只要他的心還是空的，就注定沒有人能夠填滿。

當認定這個人不愛他，便無心維持婚姻生活，很快又外遇、離婚。

浪漫成癮

你不是真的愛上他，只是想證明自己值得被愛

愛情成癮者經常有浪漫成癮的現象。因為缺乏愛，主動給出浪漫的愛，主動在關係中創造這些時刻，期待對方也能回報。

像是到處旅遊的Iris，由於需要不斷感到被愛，對每個對象都說：「你是我最聊得來的人。」「我想我們可以一起走很久很久。」「遇到你是我最大的幸運。」

當對方說「嗯……我再想想」時，Iris害怕對方不買單的情緒往上提升，於是繼續加碼：「我相信我們會很幸福的！」「我知道有點太快，但遇到這麼難能可貴的人，我一定要把握住！」一旦感到對方可能離開自己，就會用盡各種方法留住他。這時，有些人會因此被感動而同意，但如果仍舊拒絕，Iris便陷入深深的絕望，認為這個世界上不會有人再愛自己了。

只是，即使對方同意在一起，Iris認為「得到了」，抗拒的心情卻油然而起，心想：「我真的要跟他在一起嗎？」「他有這麼多缺點……」「我們一定走不久的。」雖然因為害怕對方離去而不會真的說出口，但在獲得的當下馬上失落了。因為她不是真的愛上對方，只是想證明自己值得被愛。

Iris還是會假裝很愛對方，說著滿滿的甜言蜜語，但卻在下週提出分手。這時，常在諮商室中聽到浪漫成癮者的另一半提到：「我們上週還很甜蜜……」但對Iris來說，那是她無法忍受生活平淡所做出的努力，是為了讓自己覺得生活還有樂趣，並不是真的要給對方驚喜。

這些舉動並不是為了對方而做，是為了對方的笑容而做。這麼聽起來似乎很浪漫，但這份浪漫並不是給對方的，而是為了不讓自己感到寂寞。因此，停止了這些行為，就沒辦法感受到對方的愛，也就重新回到內心的空缺。

他知道陷入感情會令自己痛苦，所有情緒和行為都會跟著受到強烈波動，就像是一種上癮症候群：一開始能帶給自己快樂，但知道這樣下去對自己有害，所以每過一陣子就從感情中完全抽開；然而沒有愛情是極為痛苦的事情，所以剛脫離一段愛情後，又急著進入另一段愛情。這是浪漫成癮者的最佳寫照：**狂熱地一頭栽入，不久後又急速冷卻**。

浪漫化的行為似乎變成一種趨勢，許多人會將自己手製的精美禮物PO到網路上，讓其他人看到，覺得「好浪漫」「好有心」「好愛他」。

但浪漫和有愛是兩回事。

回想【故事1】欣宜不斷對宗勳付出金錢、【故事2】崇豪替芹萱打造一個新家、【故事3】宗勳說想牽著允紋的手直到世界毀滅、【故事4】芹萱塞卡片織圍巾給志傑，不難理解伴侶關係中許多事情看似為愛、看似浪漫的童話故事，其實是為了填補內在的空虛，所以先做出感動的行為，期待對方有更多的回報。

但若回到現實，完全沒有補償性的想法是一種對人性的完美主義，這是不可能的，不可能每個時刻內在都不空虛、不需要倚靠他人，這是一種太理想的愛。所以會這麼做是一件很正常的事情，渴望浪漫的愛情也是一件再正常不過的事情。

只是，「**過度**」**是另一種截然不同的概念**。每個人的標準不太一樣，但都有個共通點：干擾到日常生活。工作效率降低、容易分心、憂鬱易怒。**愛情中的舉動原是為了讓兩人關係更好，但成癮者反而因為愛情而過得更糟**。

成癮者從小在家庭關係受到創傷，因此更堅定要找到完美的感情，更渴望那份幻想中從未得到的愛，當認定了一個人，會以各種形式去塑造完美愛情的模樣。平凡的愛情無法完美，只有「轟轟烈烈的愛情」才像是完美的愛情。也許每個人都曾經嚮往，但不會離開現實太遠。然而成癮者則是脫離現實，沉醉在幻想中，只有在分手後回首時，才突然驚問自己：「那時候的我怎麼了？」

這種類型的人大多不會在當下尋求諮商協助，因為他覺得自己好得不得了。大多是輪迴了數（十）段感情後，再也受不了「沒有愛情會極為痛苦」的時刻而前來諮商，想理解自己的感情怎麼會如此難受，這才發現成癮症狀的存在。

這些成癮的幻想，可以分為三個階段：

1. **花費大量時間在幻想中**：沉浸在與已婚主管愛撫的畫面。這時能清楚分辨幻想和現實。
2. **嘗試在現實中執行幻想**：私訊曖昧訊息給已婚主管。這時幻想和現實的界線變得模糊。

3. 幻想成為現實：誘惑已婚主管在辦公室發生性行為。這時幻想和現實混雜在一起，且幻想的衝動掩蓋過現實的理性，無視後續的結果或傷害。

成癮的階段使人一步一步遠離現實，開始為了愛情犧牲其他事情。當伴侶成了生命的全部，浪漫成癮者會竭盡所能維持關係的熱度，維持感情的支柱，否則如果沒有人撐住自己，生活將失去方向，變得極為空虛難受。唯有進入一段關係，才能將對空虛難受的注意力轉移到愛情的喜悅中，也進入幻想的實踐階段。他能將腦中的愛「實體化」，變成幾千字的圖文卡片、親手做的愛心早餐、供品般成堆的禮物驚喜。這些都讓成癮者的生命再度活躍，因為知道人生有了方向，不再死氣沉沉。

愛情成癮的現象，除了個人因素外，社會文化也占有巨大的影響。一個時代的愛情幻想，總是出現在電影、小說、音樂中，我們將愛情歌頌成某種神聖不可侵犯的信仰，有了信仰才有生命，而且愈悲情、愈浪漫、愈出乎意料，似乎才是真的愛情。也難怪不少經歷顛簸感情的個案在心理諮商中詢問：「他真的有在跟我談戀愛嗎？」因為覺得太平淡了，不像上一段轟轟烈烈、撕心裂肺。現在的平靜雖然理想，但總覺得怪怪的。

是啊，一方面來自於過往經驗的影響，另一方面我們也被「整個時代的幻想」

給綁架了，認定大眾文化餵養給我們的東西才是正確，一味追求別人告訴我們的「單一愛情故事線」。但每個人的需要和渴望不會一樣，當被減縮成「唯一」的路線，就會因為不一樣而感到痛苦，忘記自己原本想要的是什麼。

於是愛情失去獨特的想像，預先被文化素材填滿，讓我們持續沉浸在時代幻想中，難以自拔。

用幻想補償現實的不足

「他就是那個對的人！」

「這個人可以拯救我脫離痛苦。」

「我們頻率完全相同，在一起做什麼都對。」

怦然心動的感受會帶來一些幻想，如同王子公主的童話故事般，永遠幸福下去。這個幻想是很有力量的，至少維持住成癮者的希望感，不致於跌入憂鬱的深淵。也能使他暫時不去理會孤單與疼痛，可以全心專注在想要的興趣或工作上。只是，當重新面對眼前這個不適合的伴侶，才感嘆自己又和一個不對的人在一起。再一次的，對「愛」感到失望。

成癮者最大的特徵是，完全活在腦中的幻想世界。在一起前已經設定好兩人的感情路徑，此後不管對方說了什麼、做了什麼，都將這些理想化。**成癮者並不是真的在跟對方談戀愛，只是愛上自己所想像出來的人，並努力維持這個幻想**。

我們在感情中都需要把對方理想化，在腦中預先幻想兩人的美好未來，一段感情才會開始加溫，也更有動力維持關係。**我們都從幻想中誕生，但脫離幻想才能真實地與某些難題和平共處，而非「完美地解決所有難題」**。像是希望對方包容自己的脾氣和驕傲、訊息秒讀秒回、配合所有玩樂和作息的需求。

這是一種孩童時期幻想的重現，渴望被一個全能的人照顧著。

通常這份理想會隨著相處時間變多，加入更多現實的元素，平衡對於伴侶的粉紅看法，取而代之的是相互包容的親密感，開始認定對方不只是活在自己的腦袋裡，而是在身旁相處陪伴、相互理解、有溫度的人，讓一段關係重新進入穩定的高原期。理解另一半也有工作、有朋友，甚至訊號差，不會隨時在身旁，但心始終向著自己。**走出幻想代表著，即使我們仍會幻想，但也能分辨現實的合理性，因此情緒變得穩定，安全感與信任感也大幅提升，這是一種在感情中逐漸成熟的表現**。

相反的，成癮者會對伴侶產生「超理想化」，讓伴侶持續停留在腦海中的幻想，不願將這個人的現實面整合進去，也就是持續幻想對方或兩人的未來多麼美好。當這種「超理想化」提升到極致，所有缺點都成為了優點，飆罵髒話變成男人味、說謊是怕自己難過的貼心表現、對名牌的索求無度是撒嬌可愛、整天打電動是才華還沒被看見、持續用交友軟體是擴展人脈……所有負面行為都有了理由，所有理由都是為了兩人的感情在努力。

但當對方的行徑持續，讓這些幻想破滅後，成癮者會非常生氣，認為這段感情被毀了。而試圖挽救的方式，就是將對方「調整」回幻想中的模式，透過控制言行、糾正態度、親自教導，讓這段感情回到「正軌」。只是，一個人無法從幻想回到現實的原因，肯定是現實沉重到難以負荷，才需要跳脫出來。

成癮者的生命中需要有人愛自己，需要有一個完美的對象肯定自己，如此自己才有價值。幻想是一種填補內在與外在之間的產物，連結過去與現在的樞紐。他在讓內心最初沒有得到足夠關愛的孩子，透過當前的對象得到滿足。

你離不開的不是他，而是他的家

【Episode 8】Mike

Mike前來諮商時，帶著極為矛盾的心情。他想與男友分手，因為兩人對金錢的價值觀差太多，但又離不開可以依賴對方的感受，分合了無數次，仍然想再試試看：

「我知道自己已經不愛他了，但就是分不開。」

「他的家人對我很好，我們都會一起出遊，如果分手，他的家人一定會很難過。」

「我很懷念他媽媽煮飯給我們吃、一起打掃家裡、開車載他家人出遊的時光。」

有一部分的人，分手前考量的已經不是對方，而是對方的家庭。因為那給他一種「家」的溫馨想像，是從來沒有在自己家庭中得到的。這也使他維持這段關係長達數年之久，因為在他的腦海中，與對方可以組成一個如此的家庭。這個缺乏家的感受如此強烈，以致於有時會混淆：究竟是愛上對方的人，還是對方的美好家庭？

如同Mike經常會被伴侶找回家吃媽媽煮的菜、陪妹妹玩遊戲、和對方全家共同出國旅遊，都讓他覺得自己也是其中一分子。這與他家中爸爸家暴、媽媽逃回娘家的場景截然不同。當初的家庭裡沒有自己，但在這個「新家」，他的腦海中認定自己屬於這裡。

Mike不只逢年過節會送男友爸媽禮物，下了班就回男友家幫忙煮菜洗衣服，雖然會抱怨但樂在其中，男友都好奇地說：「**你比我還像是我媽的兒子？**」

有些人對交往對象的條件是擁有一個溫馨的家庭，更甚於對方的為人。但如果誤將家庭幻想成愛，而和不合的伴侶繼續走下去，那就委屈了自己，遲早會從幻想中被硬生生拉出。

這來自於家的缺陷，需要在伴侶身上得到滿足。但只有伴侶不夠，還需要對方的背景中，有著一群愛著伴侶的家人朋友，讓他在想像世界中認為，兩人在一起後，那些人也會變成自己的親友，在這些人的共同陪伴下，煩躁感才會被安撫，才覺得滿足。

只是這份情感的需求，使他忽略了眼前的人是否合適，他看到的還是對方具有的「部分」。當在一段新的感情嗅到對方溫暖的家庭，就容易奮不顧身愛上不適合的人，然後再一次受到傷害，重複找尋愛，找尋從小沒有得到過的那個家。

小結——情感混淆的童年

成癮者的童年大都擁有過幸福的時光，但幸福和痛苦是交織的。

以故事中的芹萱來說，爸爸就是個令她感到開心，也感到可以依靠的人。但爸爸似乎又是媽媽口中的壞人，她在心中產生混淆的情緒，不曉得要相信誰。

一方面理性的她知道，爸爸出軌讓家庭生變，她討厭爸爸的行為讓家庭四分五裂；另一方面感性的她又覺得，爸爸對她這麼好，讓她在家中有著難得幸福的時光。芹萱對爸爸的情感很複雜，而她選擇正面的那邊。

對還是孩子的芹萱來說，她需要先選一邊，她沒有那麼強的心智能力，同時容納一個人有多種面向。只是，這也使她長大之後變成一個非黑即白的人，沒有灰色地帶，看不到爸爸身上同時有著令人喜歡和討厭的特質。

回到家庭中，當她選擇了愛爸爸，那麼爸爸的敵人就是媽媽，要一起去對抗媽媽。但她的心底知道，媽媽只是受不了爸爸的行徑，也辛苦撐著這個家。她對父母的矛盾情緒難以釐清，對整個家庭既愛又恨，想付出又不甘願給予，想生氣又不想讓家人難受，想離開又無法真的捨棄。

這種緊密卻又疏離的關係讓孩子不斷遊走在情感的邊緣。家庭表面上看起來不錯，過節會回家、生日會慶祝、放假會出遊，但孩子無法自在地在家中做自己。當自己的意見和家人不同，會遭到家庭成員的排擠；但在需要支持時，又會得到強而有力的支撐。**孩子被搞混了，愛不下去也恨不下去**。

許多案例中，孩子說自己只是遵守義務才回家，但仔細了解後才發現，**其實孩子真的想回家，只是並非現在這個家**。

孩子雖然厭煩與父母相處的爭吵和選邊站，但也懷念與父母一同坐在餐桌吃飯。這裡還是一個可以得到愛的地方，只是並非總能得到。孩子的不安全感提升，需要時常「確認」這個家還有沒有愛，失望時更需要一段愛來補償自己，因此向外尋求其他人的關注。

矛盾糾纏的關係，是孩子在家庭中學習到「愛」的形式。

帶著兩難長大的孩子，對愛情的感受是風風雨雨的，那才像是當初熟悉的愛。而來到平淡的關係中，因為太舒適了，沒有痛苦和掙扎，不是自己所熟悉的有「愛」的關係。

不像其他家庭創傷者，愛情成癮的受難者一直會與家人保持緊密的關係，即使感到不舒服，像【故事2】的芹萱被媽媽情緒勒索和連環訊息追殺，但仍與媽媽保持聯繫。

「畢竟是家人啊！」芹萱曾這麼感嘆。

為了得到那些支持與看見，又該如何取捨？她想跳脫出來組一個新家，找到一個能全然相愛、不會讓她厭舊的伴侶，然而這卻是一個連自己都認為是妄想的意念。

她真正想要的是，一個沒有壞掉、也永遠不會壞掉的家人。她要用這個完美的伴侶代替不完美的父母。

但完美只是一個浪漫的詞彙，不存在於現實。真正的情況是，她學習到的情感總是帶有強烈的衝突與矛盾，所以也會再次找到這樣的人。而當對方出現像是父母的行為或話語，又因為太相似而失望地提出分手。情感混淆的孩子總是因為家人的情緒而受到波動，難以劃分良好的情緒界線。**倘若不曉得如何面對父母的愛與恨，就無法從原生家庭的束縛中跳脫，找到真正理想且舒適的伴侶。**

她要做的是，接受自己對父母有愛也有恨，這些情感需要被承認，並重新找到適當的位置擺放，曾經的傷口才不會再次被推擠壓迫，在模糊的感受中隱隱作痛。

當情感能夠被安放，也才不會再偏執地討愛。從小到大認為漂流無根的自我，竟也有了落地休憩的時候。於是能夠慢下來，仔細瞧瞧路邊的花草，在夜晚路燈照耀下，踏實地走好每一步。因為她已經體會到：

「爸媽有我喜歡的地方，也有我討厭的地方，我接受這才是完整的他們，就像我接受自己一樣。」

第2部總結——讓家庭不再是痛覺的代名詞

每個人都曾經或正處於受難者的感受。當感到委屈、不被重要的人在乎、受到情感威脅與迫害，胸口就像是被十公斤的啞鈴壓著，又緊又悶，每一口氣都要用力吸入和吐出。

在一段感情中，受難者非常擔心對方離開，因此不安全感和不信任感是最常出現的詞彙，也是最強烈的感受。這份感受大多不是來自於眼前的交往對象，一部分的人明確知道自己的家庭出了狀況，從小就有這樣的感受，但也有一部分的人無法了解為何有如此強烈的痛苦。

許多個案描述著極為類似的痛苦，這種痛苦像是浮萍一般，沒有根，飄在俗世的稀薄空氣中，自我的存在幾乎要被抹滅，只能以強烈的方式重新感受自己。而愛情關係通常是爆發的出口。因為從小忍讓不說，直到進入最親密的關係裡頭，這份痛才被喊了出來。也因為長大到有勇氣喊痛的年紀，再不喊可能撐不下去，所以受難者極度需要伴侶的支持和鼓勵。但這種情況往往走向極端，因為伴侶很少能夠真正滿足他，他的痛是一種藏在深層的發炎囊腫，伴侶的支持就像是蘆薈藥膏只能作用在表層，稍微暫緩。

當無法感受到足夠的愛，受難者會以一種**「我就是這麼可憐，你們都要忍讓我」的態度，開始在情感上、財務上、人際上索求無度**。無法感受到被滿足，所以什麼都拿，甚至化作實際行動，例如在店裡偷點小東西、和朋友出去吃飯卻不帶錢包、總是指示伴侶做事，覺得是「這個世界欠他的」，可能會產生一點愧疚感，但很快又被這份痛苦給掩蓋，需要其他東西來緩解。

這個傷口很早就開始痛了，明確的受傷時間點不太記得，又或者不願想起。諮商室中常出現這段對話：

「今天是為什麼會過來呢？」

「我也不知道。」

「有人推薦嗎？還是發生什麼事情困擾你？」

「我也不知道……」

「如果請你形容得精確一點，你會怎麼說？」

「我覺得沒有家……」個案掉下眼淚，逐漸潰堤：「我明明在家裡，可是感受不到家的感覺，只覺得像是以前在小學二年級等下課……很想要回家。」

這個時代講到的「家」，是那個四面水泥牆壁的家，純粹是有人與你在同一個固定的空間。如同我多次在課堂中邀請學員自由畫出「家」時，許多人畫出來的只是公寓大廈的樣子。

這絕不是「家」的真正意涵。過去的「家」是一個社區、一個密集網絡，我們和每一個人都熟悉、互相關照、彼此在乎，但這個概念慢慢在消失，對「家」的感覺逐漸消逝殆盡，無法滿足對歸屬感的渴望。也難怪個案會有如此感受：**即使身處家中，仍舊哭著想家**。

受難者與父母的關係往往極端黏膩與疼痛。也許從出生那刻就被劃傷，此後傷口不斷被侵蝕，也有更多的細菌使它潰爛，所以到了成年階段，大多形成一種與傷口互相破壞的循環——情緒不好的時候去責難這些疼痛的回憶，回憶也以兇狠的形式把自己抓牢。

受難者真正渴望的是，不要再有這麼多紛擾，得以平靜。可是來到愛情中，一般的情感又無法滿足他，所以他最容易找到的人，就是能夠給予滿滿的愛、付出滿滿的關懷與在乎的拯救者。但這也使得這段感情成為痛苦的開始，因為兩人都處在不穩定的狀態下。

受難者被拯救的當下需要興奮感，拯救者也充滿了被需要的感受，兩人的愛情都建立在自己的匱乏上，所以一旦其中一方被滿足而不再索求無度（不論索求的是需要還是被需要），另一方便會認為對方不愛自己了，又把對方拉入極端索求的惡性關係中。

也因為需要大量的關注，受難者不能沒有愛情。當疼痛感再次強烈發作，他會尋找每一段可能的關係，或發展多段關係來隨時補充需要的愛。就像毒品一樣，對感情成癮，出現的戒斷感受即是被世界拋棄的孤單感。於是，又透過關係中強烈的刺激來轉移注意力，總是處在激烈的爭吵或刺激的性愛當中，不論他喜不喜歡，但能感受到自己正處在一段愛情中，「知道」自己正在被愛。然而這些爭吵或性行為是外在的，他的內在難以「感受到」被愛，所以無法緩解長期以來的疼痛。

我們需要回到源頭去看看情感創傷的發生點，也就是每個人「愛」的思考和行為模式中，與最初的照顧者產生連結的地方，**我們稱作「家」的地方。在這裡，我們被什麼樣的言教和身教對待，決定了我們將使用什麼樣的方式看待自己。**

倘若照顧者無法從小和孩子建立起友善的連結，那麼，孩子長大後也會用相同的方式對待每個他所遇到的人，並不斷鞏固這個使自己與他人都不舒服的方式，卻仍不自知地重複著。這也是成為受難者後會愈來愈苦的原因，因為他無法改善這個惡性循環。每一次的哭喊，都是聲嘶力竭的跪叩，冀望當初被傷害的瘡疤能夠被撫癒，苛求陷入災難的自己有勇氣堅強，默禱身旁的人可以綻放輕柔的光。

在這個嚴厲且快速變遷的時代，我們不斷承載內心的苦難。我們需要有個地方坐臥，在寧靜的午後得以放鬆，在傍晚不必著急趕路。這個令人嚮往的地方，也許就是一個能夠相互扶持與照顧的家。不一定是原本那個，可能是專屬於自己，也可能是與其他人共有。

它未必都是安詳和樂，但至少我們都曉得，就算今天吵完架，你還是願意幫我蓋被子，我也會替你做晚餐，彼此不會分開。更重要的是，還能在夜半時分，說著不會向外人輕易透漏的祕密心事。

我們需要感到安全，感到被重視，相信某一天有人會認真地告訴自己：

「別害怕，當你需要的時候，我會永遠在這裡。」

Part 3

第 3 部 「逃避者」的愛

Chapter 5

第 5 章 「交往 3 年，我們只見了 5 次面……」

STORY 5

逃避者 允紋 vs. 受難者 ➡ 逃避者 芹萱

欣 崇 宗 芹 允 志

#逃避親密 #交友軟體

Part 3 「逃避者」的愛

Chapter 5 「交往3年，我們只見了5次面……」

STORY 5

逃避者 允紋 vs. 受難者➡逃避者 芹萱

芹 允

我們都喊著不要愛，但只要遇到對眼的那個人，又會不顧一切地再次沉淪。就像允紋與芹萱的相遇。

但在這之前，先回頭看兩人先前感情的後續發展。

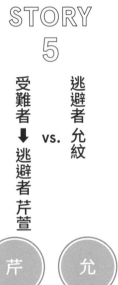

允紋的過去

允紋後來總算和宗勳離婚了，儘管自己帶著一個小孩十分辛苦，也好過每天被宗勳情緒轟炸。她發誓再也不要談戀愛。

當初會被宗勳吸引，是因為他那股浪漫和傻勁，讓她感受到可以信任，於是宗勳成了第一個男友。但沒談過戀愛，初戀又波折不堪，允紋更加確定自己只要專注在工作上就好。只有工作，才能擁有付出多少就得到多少的踏實感。

允紋對愛情其實有一種莫名的恐懼，覺得會「變成其他人的一部分」。爸媽離婚前明明還很要好，自從爸爸外遇後，兩人吵架不斷，每次講三句話就開始大聲。後來爸爸煩了，當媽媽又在抱怨他一點情分都沒有、說什麼要照顧自己一輩子都是假的，他會直接假裝沒這個人，刻意面無表情，收一收東西出門，讓被忽略的媽媽更難受。

媽媽會找允紋訴苦，允紋接收媽媽大量的負能量，但難以承受這麼多情緒垃圾。她無法向媽媽訴說自己在學校被排擠的難過，因為那只會讓媽媽更脆弱。最後，允紋選擇把自己關在房間裡，完全不去理會，當初也才深切同情做出同樣行為的宗勳。

父母離婚後，兩人的競爭關係開始，他們都想拉攏允紋站在自己這邊。媽媽會說爸爸都不給贍養費，是個不負責任的男人，爸爸會說贍養費已經給那麼多，允紋的學費應該要由媽媽出，這讓媽媽更不爽，於是回嗆女兒難道不也是爸爸生的，要他負責。但兩人的對話不是直接進行，而是要允紋傳話。諷刺的是，爸媽爭執的過程，允紋感覺自己不是他們的女兒，只被當成傷害對方的武器，對她來說，他們完全沒想過女兒的感受。

此後，她見到路上親密的情侶，心底都有個聲音：「這只是假象。」

芹萱的過去

另一方面，芹萱從原先的生活沒有重心，改成以愛情為生活的重心，如今又對愛情失望，變得既想要進入愛情卻又不敢碰觸愛情。

芹萱的家庭使她成為感情的「受難者」，從被志傑冷淡對待，到被崇豪的控制慾緊緊悶住，後續又在交友軟體上漂流了兩年，最後一根稻草是某任伴侶吸毒後不斷對她施暴而分開。連續被糟糕的感情糾纏，經過溝通協調也妥善處理了，但不可否認的是，被掀起的情緒波濤極大，她如果得到任何一種精神疾病而住院，我都不會覺得意外。

她太害怕再次受到傷害，內心徬徨不安，也丟了工作。最後，她乾脆完全不進入任何一段關係，就算有，也只把對方當作一時的玩伴，告訴自己不要認真，轉為感情中的「逃避者」。

兩人的相遇

允紋和芹萱在交友軟體上認識，一開始不常聯絡，碰到時覺得聊得來沒負擔，不像其他人一樣整天早安午安晚安，允紋感到自在，芹萱也覺得輕鬆。

慢慢的，芹萱有了安全感，想多認識對方。但允紋很忙，都在工作和帶小孩，總是推掉邀約。但兩人持續聊天。

就這樣保持網友的關係，直到允紋某天晚上正巧電腦壞掉，不曉得要做什麼，看到芹萱的ＩＧ限時動態放上某家知名夜景餐廳，於是發了私訊：「聽說這家很好吃，還有歌手會在那裡駐唱！」她一直想去但沒去過。

「剛開幕時我去過一次，真的很好吃，氣氛也很好。」芹萱想起和崇豪曾經很幸福。

「但聽說超級貴的？好像夜景餐廳都這樣。」

「我剛剛看菜單，剛好在打折，要不要週末一起去？」芹萱心想很久沒出門了，當作舊地重遊。

「我想想再跟妳說。」允紋有點抗拒人際互動，她告訴自己週末要在家寫工作報告。

「OK，我到時會出去走走，妳要來再跟我說。」芹萱一派輕鬆。

「好。」允紋聽到這裡，鬆了一口氣。

過了安靜的幾天後，週五晚上允紋心神不寧，一方面覺得和芹萱聊了很久，出門看看也不錯，另一方面又想把下週的工作進度超前。她點開芹萱的訊息欄位，看著游標一閃一閃，眼神停頓許久，好像進入被催眠的狀態。

「妳是明天晚上去嗎？」她不自覺傳了這句話。

「對。」芹萱看到訊息，興奮地點開，但又不想表現太多。

「我晚上六點半到OK嗎？」

「我就是訂那個時間！」芹萱彷彿學到崇豪的浪漫，馬上私訊店家能否更改訂位時間。

「這麼巧！那我們明天門口見嘍。」

「（灑花貼圖）」

當晚第一次碰面，兩人很開心，比想像中更熱絡一些。直到餐廳打烊，還坐在外頭山邊，聊起彼此的感情觀。

她們發現，彼此都不喜歡太黏膩的關係，一起嘲諷了過去的伴侶常常沒有安全感、都是控制狂，還像小孩一樣需要有人在旁邊等等。允紋發現，芹萱的個性正好是她喜歡的類型，不像黏膩的宗勳或負能量的媽媽對情感那麼焦慮；芹萱也發現，談過這麼多場戀愛，允紋的清心寡慾是她的模範，她也要這樣對感情無所求，該來則來，該去則去。

當晚，她們手牽著手，慢慢走下山。

承諾交往後，允紋一樣用忙碌保持距離，芹萱則是刻意愛回不回訊息，兩人的關係維持著表面的和平。

她們幾次的見面，是過年開工前幾天，還有某次剛好都休假時，於是前兩年的交往，算一算只見了十天。其他時間允紋繼續忙工作；芹萱則偶爾滑滑交友軟體，享受一點曖昧的氛圍，但又不會真的和他們出去，因為她知道自己有允紋了，而且這是一段沒有拘束、舒服自在的關係。

崩盤期

但對芹萱來說，可能就是太沒有拘束了，她終究不習慣交往後的聯繫這麼少。

一開始雖然覺得挺好的，但很久沒有激情的感覺了，從過去的疼痛緩解後，逐漸想念起那些親密的靠近。她沒有直接向允紋表明，只是有意無意地丟幾張貼圖測試，但大都幾天後才已讀未回。

又過了幾個月，芹萱想要見面聊聊彼此的關係，她打電話給允紋：「感覺妳好像不太需要感情。」芹萱劈頭直說。

「幹麼？」允紋嗅到情緒勒索的味道，築起防衛。

「還是妳這個人沒有感情？」芹萱感受到自己有點生氣。

「有啊，我很在乎妳啊。」允紋也有點不耐煩。

「我們交往快三年，才見五次面，加起來不到十五天，又不是異國戀，妳還說妳在乎我？」芹萱翻著手上的月曆，在見面的日子上不斷畫圈。「真的是一隻手數得出來欸，我每次發訊息給妳都不理我，我覺得妳在躲我。」

「我說過我不喜歡太黏的關係，妳當初不是也同意嗎？就說我很忙，妳之後一直想找我，我就沒那麼多時間。」允紋有點心虛，因為她知道自己是可以分配好的，只是不太想一直見面，讓芹萱變得太黏。

「太黏跟都不見面是兩回事吧？我連想要跟妳講講電話都要排時間，妳明明就在家裡沒出門。妳到底在做什麼？」芹萱終於問出長久以來的疑問。

「我就是在忙工作啊，有時間我們再說啦。」允紋不願意承認有時間但不撥給對方。

「我們分手好了，我不想要這樣繼續下去。」芹萱經歷過許多段感情，現在反倒成為平靜的那一個。她一邊翻找志傑的舊訊息。

「……（嘆氣）」允紋想要挽回，但又開不了口。

允紋掛掉電話後，胸口湧上一股悶痛，擰出幾滴眼淚。她更覺得愛情是個不可靠的東西，甚至開始對朋友說著「感情無用論」，因為每段愛情最終只會令人失望，朋友笑笑回她，她會多做解釋，覺得人一旦進入感情就是廢物。情緒也只會礙事，讓自己陷入憂鬱的狀態，無法進步。

她開始更注重自我成長，把生活排滿了各類運動和正職兼職的工作。有空時難得和大學同學小酌，但大都是為了維持人脈。她更重視自己賺到多少錢，能否升到更高的職位。

幾天後，允紋收到芹萱的訊息，但她選擇刪除。

靜謐的湖面，就像從來沒有雨滴垂落。只是在湖底，幾株水草窒息了，幾條紅紅綠綠的魚也順著小河離去。再也沒有一絲漣漪。

心理分析

允紋從小看著爸媽吵架，也聽著媽媽不斷向她訴苦，心中默默認同媽媽的想法，就是不要找到像爸爸一樣的對象。

她甚至認為感情是一件可怕的事情，一旦踏入，很可能如同父母一樣受苦，無法跳脫，需要麻煩別人來分擔。重點是，現在的她還陷入父母情感的泥沼中，又怎麼有辦法承受自己感情的苦難？

她被媽媽綁住，那是她害怕「變成其他人的一部分」的原因。看著媽媽受苦，允紋大多是一同受苦、幫忙分擔情緒的那個孩子，因此變得過度敏感或過度抽離。因為敏感才能夠及時了解爸媽的情緒，但也因為負荷太大，必須在其他時候將自己抽離。

她從未有過親密的伴侶關係，想要靠近又不敢靠近，一個原因是被媽媽綁住，如果離開會有一種背叛媽媽的感受。第二個原因是，在親密關係裡會勾起她以前在家中的負面回憶，感到爸爸是無情的、媽媽是過於依賴的。她像逃難一樣把自己關在房間，有一種對不起父母的愧疚感，也懷著不想再重蹈覆轍的恐懼，成為了感情中的「逃避者」。

允紋會看上芹萱，出自於那是完全與家庭經驗相反的感受，因為她一直告訴自己，絕對不要再交到像是媽媽和宗勳那樣的人。起初，芹萱對感情悠哉的態度令她覺得安心，不會有負擔。當她慢慢和芹萱在交友軟體上曖昧後，她知道自己陷入一段愛情，又興奮又緊張，但仍保持一段距離，繼續用工作填滿自己。

即使交往後見了幾次面，她還是害怕兩人的關係走向互相指責的爭吵，所以很多時候的談話，她不會反駁對方，儘管不同意也只是笑笑，讓人感到有距離。也難怪芹萱愈來愈沒安全感，想要從這個沒有情感的生物體中擠出一點感情來。只是當芹萱愈逼迫，允紋愈感到不安，不想跟著捲進情緒的漩渦，卻也覺得自己就像當初**被媽媽指責的爸爸一樣沒有情分。**

兩人分手後，她更確信不要再進入愛情了，開始宣揚「感情無用論」，因為她要保護自己，而否定了傷害她的東西，就好像能不再看到傷口。如同用理性來分析感情時，就能壓抑受傷的疼痛，**在逃避者身上，最常見到的就是理性，甚至是超乎常人的理性**，不讓自己顯露出情緒。

也因此，她只剩下自我能專注。失去了深層的人際關係，於是將外在表現提升得更好，告訴自己，沒有愛情也能活得很好。

逃避親密

反覆被拋棄所形成的「關係創傷」

「曾經，我以為我不會受傷。」芹萱在諮商中說道。「但每經歷一次親密的人離去，就讓我多一些不安。感覺上，連這麼靠近的人都會不見，那我很難不擔心接下來遇到的對象要是不理我，是不是就不要我了？是不是覺得我哪邊做得不好？是不是哪句話惹他不開心又要把我丟掉了？」

這份不安，使芹萱在感情中變得忐忑緊張，尤其是剛認識的對象，只要超過三個小時對方沒回覆訊息，或回覆得較冷淡，她就會跳出一個念頭：「他是不是不喜歡我？」她未必都是被分手的那一方，但每一次的分離都有強烈的被拋棄感。

經過許多感情後，她累了，所以來到與允紋的關係時覺得特別舒適。允紋不像在交友軟體上遇到的那些人，沒聊幾句就要約出來，約出來就很快想發生關係。雖然芹萱也是自願的，但總覺得被極端的激情與浪漫沖得頭好昏，每一次被丟掉又覺得心好痛。她想要談戀愛，但一直都是同類型的人出現，漸漸懷疑是否其實是自己的問題，以致於接續遇到激情的志傑、自以為浪漫的崇豪，還有後續幾段扭曲的短暫關係。

芹萱逐漸產生自覺，但通常剛產生自覺的人，大多容易走向另一個極端。對她來說，就是不要再找到像是爸爸的人，不要再有激情的感受。所以她把允紋當成典範，想要像允紋一樣，情緒不會輕易受到波動，也沒有太多浪漫激情的表現。她以為平淡的生活才是愛情的本質，因為過去那些情感創傷太痛苦了。潛意識中為了保護自己，她把激情等同於傷害，拿平淡當作理想愛情的典範，告訴自己不要放感情，以免受到傷害。

只是，她始終是一位為了愛情而誕生的女孩，人的性格不可能在沒有自我覺察下產生明顯的正向轉化，即使能夠一時間完全隔絕感情，但久了心底仍受不了沒有親密的關係，也才率先發難，要求允紋回應她。

家庭經常是最大的創傷來源，畢竟我們從小就與父母相處了十幾年，甚至現在仍住在家，擁有密切聯繫幾十年，家人的說話習慣、情緒態度、行為方式，都會使我們養成「應對創傷的模式」，而這種模式總是反過來造成愛情中的困擾，**因為強烈到足以應對創傷的模式，並不適合在健康的關係中使用**。

但並非只有家庭才會造成創傷。只要是長時間相處的人，尤其是引發你強烈情緒的人都會對人格造成損害。比如人際霸凌就是一個最常見的例子。

而在愛情中，主動投入大量情感的過程更容易產生人格的轉變。尤其深切地愛過一個人，相處過長久的時間，又或者換了好幾個對象都是類似的災難性結局，那肯定會開始自我懷疑，逐漸變得自卑；也開始對愛情失去信任感，變得小心翼翼。

事實上，芹萱和允紋的狀況很類似，都在連續的感情創傷後變得害怕投入，於是讓自己保持在極度理性的狀態，因為擔心被丟掉會再次受到傷害，索性放棄一切的親密靠近。

受傷的逃避者需要遇到一段穩定的關係，未必是愛情，可能是朋友、長輩、心理師等，重新建立起對人的信任，感受到這段關係是安全的，也才願意重新相信自己可以與人建立更親密的連結，而再次投身愛情。

你是真的太挑，還是不敢進入一段關係？

逃避者的表面行為看似與伴侶保持距離，且將情感投注的對象從人轉移到沒有情感的工作、電玩上。他特別注重個人成長，因為排除了其他人之後，能夠投注的對象就是自己，因此經常將工作與成就擺第一。

甚至，部分逃避者為了證明自己不是逃避者，會報名許多心靈成長講座、工作坊，像是在告訴自己與他人：「我不是無法進入關係，而是想專注在自己的心靈。」但這種「成長狂」現象意味著沒有能力處理人際情感，只好退縮回自己的內在世界。旁人看著逃避者，很容易就能看到那正向、理性、成功的外表下築起的層層防衛。

逃避者的內心變化可以分為「進入關係前」與「進入關係後」兩個階段：

1. 進入關係前

逃避者通常不容易被發現。交往前，只覺得他對你沒有興趣，或者很穩健，甚至開朗活潑，但其實他對於親密關係的焦慮比你還要深，深到必須壓進潛意識中，連自己都沒有發現正在躲些什麼。

如果用自我覺察程度來區分，又可分為「顯性逃避親密者」（允紋）與「隱性逃避親密者」（芹萱）。

顯性逃避親密者知道自己不敢進入一段關係，打定主意不找伴侶，因為深怕被綁住，失去自由，沒有個人空間，也擔心對方若怎麼了，要共同承擔情緒和後果。

而隱性逃避親密者會不斷尋找伴侶，甚至因為沒有伴侶而孤單難受。而仔細一瞧，會發現他的潛在對象很多，只是始終沒有發展。這時才發現，原來他不是找不到對象，而是有太多原因卡住，例如以下：

①初戀前卡關或經驗較少

對愛情仍停留在理想化階段，認為伴侶要完美無缺，不論長相、工作、家世，或者興趣，尤其是年紀大仍沒有交往對象者，容易對愛情有純粹的幻想，試探也會愈來愈多。

當看到其他伴侶爭吵，會覺得還好自己沒有進入一段關係，不會被這種問題綁住，強化了單身的好處，也就對另一半更加挑剔。

②走不出分手創傷

分手後沒有處理好，仍然停留在前一段感情，怎麼看新對象都覺得沒有前任好。這可能是真實情況，但更多時候是回想起上一段關係的幸福片段，導致誤判前任和新對象。這時，需要先好好處理完與前任的關係，再重新判斷眼前的新對象，切勿匆忙做出決定。

另一種情況是，如同芹萱經歷太多段情感創傷，愛情等於傷害，所以害怕再次進入關係。他還是會與其他人曖昧，也會把自己打扮好，準備新的戀情。然而若真要進入一段關係，往往會看到對方的缺點，於是又退回曖昧階段；但若對方要離去，又會反過來抓著不放。

他想要控制愛的分量，不多不少，多到能夠證明自己還能被愛，少到不會勾起情感的創傷經驗，保持一段安全距離才不會被淹沒。

③自覺條件變差

隨著年紀增加，對於外表和身材的自信心銳減，這時如果又加上工作或家世的自卑，更不敢進入一段關係，怕被發現自己其實沒有想像中的亮眼傑出，甚至可能被當成拖油瓶而遭到拋棄，所以需要很多的安全感，或乾脆都保持曖昧，不想進入一段關係而整天在心裡糾結。

這幾個常見原因，使逃避者表面上看起來苦無愛情，實際上有著許多擔心，以致無法前進。

2. 進入關係後

進入關係的逃避者往往令伴侶頭大，因為兩人即使在一起仍像單身，見面和聊天頻率低到快忘了這個人的存在，伴侶腦中總是滿滿的疑問：「他在想什麼？」

逃避者沒辦法承擔對方的情緒，沒辦法回應對方的心靈需求，交往到某個階段會刻意保持距離或乾脆分手。剛開始，他會用想要自由、對方不夠好、自己配不上等原因，後來慢慢發現，他是害怕太親密靠近的關係，甚至是行程讓伴侶知道都會有很大的壓力，有一種被控制住的感受。

這種感受不只出現在伴侶關係，與朋友、同事、家人都不會太靠近，當對方想要訴苦，他會不曉得該怎麼辦，覺得「聽到了要負責」卻又無力協助，所以寧願保持遠一點，才不會被捲進去。

他與自己的關係也很遠，有時像是和內在隔著一道玻璃牆，能看到悲傷或憤怒在裡面，但就是無法真正感受到。

但他也有情感的需求，當無法宣洩內在負面情緒、無法用話語表達愛意、無法協助扶持伴侶，身體的靠近就變成一種方便的方式，也就是透過「性」替那些無以言喻的情感發聲。

這種表達方式容易讓伴侶覺得：「寂寞時才想到我，那是愛嗎？也許只是想要解決生理需求而已，跟炮友的區別大概只在於自己的頭銜是男／女友。」有時連逃避者自己都會被騙過，以為不需要愛情，只是壓力大而需要性行為發洩，但結束後又特別空虛。

當處在一段關係，兩人無法順利溝通，也就容易在無奈中分開。

交友軟體

逃避親密者的天堂？

交友軟體中會出現各種角色，而對於逃避者來說，這是個特別的地方，因為能夠滿足看似生理需求，實際上是無法宣洩的情感。

這裡說的逃避者，指的是難以面對伴侶關係中的情感，無論憤怒、嫉妒、難受、自卑、不安，或者不信任，改成將注意力投注到其他曖昧對象，而與該對象出現類似狀況時又再逃到其他對象身上。

尤其，用「性」來逃避「愛無能」的狀況更加明顯。表面上找了很多炮友床伴，讓自己感到不孤單，也證明自己還有魅力，但實際上不跟這些人有更深入的情感，維持著表面的和平，掩蓋缺乏深入情感的能力。**當可以名正言順與很多人停留在表面的關係，也就遮蔽了自己難以真正進入一段關係的事實**。

對於難以處理情感的逃避者，交友軟體是寶物一般的存在。他內心還是渴望被愛、被關注，否則一種強烈的空虛感就會襲來，只好蒐集更多人事物的關注來補償。但說到底，這是一種對於生存在世界上，失去連結的焦慮狀態。

逃避者真正逃避的對象，是自己的心。他需要回歸自我的內在探索，更需要拿到關係中討論，讓伴侶知道自己怎麼了，而非無法討論或無法滿足時，便偷偷下載交友軟體與每個人都維持一種假性親密的狀態。無法面對當前的關係便找了另一個人，就像是再跳入另一個洞，但原本的洞始終在那裡，這個洞若沒有經過填補，每經歷與一個人的情感又逃開，只會更確信這個洞難以填補，愈破愈大，更加以「換人」的方式得到救贖。

「停留在情緒中」是一項非常重要的能力，代表能面對自己的情緒，也才能處理這份情緒。對於逃避者來說，無力負擔情感通常是因為過往無法獨自承擔負面情緒，所以現在逃避情感，也逃避情緒。缺乏感受情緒的能力，或說不願感受情緒的狀態，可以透過本書最後一章的練習來改善，也會在總結一併討論童年起因。

只是，光要逃避者接受自己處在逃避的狀態，就是一件困難的事情，因為好像就坦承自己的無能為力。坦承，容易讓一個人的自尊心碎裂，所以有時乾脆將注意力轉往另一個方向：開放式關係。這樣的關係被當成一種解答，但其實只是透過更多的性來彌補自身的情感黑洞。

真正的開放式關係需要大量的溝通與協調，不斷面對自己與多位伴侶的情緒，反覆在開放式與封閉式兩端來回移動，找到所有人都舒適自在的點，那是更複雜的情感狀態。然而，對於逃避者來說，如果無法敞開心胸溝通，真正的開放式關係是更困難的，且任何的關係型態都不會是解答，只是使慾望變形扭曲。我在心理諮商中經常聽到，個案明明不想要開放式關係，但因為被對方用分手作為威脅，只好委屈自己接受這個方式。

你可以在下一章的【故事6】中，清楚看到逃避者如何透過交友軟體當作跳板，直接越過伴侶的需求，並且忽略自身的情感缺口。

衝動型愛情——「感覺對了」就在一起？

我們先繼續討論交友軟體，它的出現著實改變了這個時代的愛情發展。交友軟體是我們內心強烈渴求下的科技產物，在恰恰好的時間出現，滿足了現代人對情感愈來愈大的胃口，也成為愈來愈需要將感情汰舊換新的證明。

一位剛分手的朋友曾向我抱怨，他一週只match到十個女生太少了，需要花錢來讓自己的曝光度提高，才能match到更多人，忘掉原本分手的痛苦。但老實說，現實生活中一個月也很難遇到十個喜歡自己的人。

我們原本會靜靜療傷，直到下一個人出現，珍惜這個人的存在，細細了解彼此是否合得來。而在交友軟體上，最常見的就是match了一整排人，卻幾乎沒有聊天，或打完招呼就沒下文了。這時，我們真的是在跟其他「人」交流情感嗎？還是這些「人群」被當成一種舒緩情緒的藥劑，服用後得以暫時安頓？

交友軟體不僅轉變了情感交流模式，也讓人們更能感受到自身的存在與慾望。它的萌芽助長了「衝動型愛情」的現象，這種現象與衝動購物、暴飲暴食、小確幸、速食文化結構有著緊密的關聯。這些當代出現的新現象在資本主義社會中尤其明顯。資本主義強調的是「累積」，而財富可以填補所有的不足，所以當心靈有缺口，可以拿賺的錢去愛、去吃、去買，好像就能得到表面的滿足，但每次結束一段感情、一頓大餐、一筆帳單後，又容易感到極度空虛。然後告訴自己，下次不會再這麼做了。

《過度飲食心理學》（*The Psychology of Overeating: Food and the Culture of Consumerism*）作者描述她的患者：「經常在縱情享受與自我節制之間、刺激與單調之間、滿與空之間，天人交戰。焦躁不安與毫無意義的情緒，總是莫名籠罩住她，而且揮之不去。她想讓自己的生命有意義，卻不知道該怎麼做。」

交友軟體正好是一項「縱情享受」的管道，或許未必都能約到人聊天或上床，但有一種上線就有希望的感覺，不用像過往在公司、學校、交友機構需要等待許久的實體配對。它所提供的立即性，使得慾望的爆發勢不可擋。慾望輕易獲得緩解的結果，讓我們每一次都期待獲得立即性的滿足。如此一來，**「感覺對了」所產生的「衝動型愛情」容易壓過審慎評估的理性，更加主宰了我們「反智」的情感模式。**

所以總是聽到身旁的朋友、諮商中的個案，在一段感情結束後下載交友軟體試試看。這並沒有不好，相反的，能夠有多元的管道接觸潛在對象是一件再好不過的事情。只是，若持續原本的填補、情感轉移、無意識的強迫性重複，交友軟體將逐漸變成令人失望的地方。因為找到對象後，便欣喜地把所有時間花在確認對方回訊息了沒、自己該回覆什麼樣的字句、成天在心裡不斷糾結著。

約出去吃飯或發生性關係，回到家後期待收到回覆，卻發現對方變得冷淡、不讀不回、其實有另一半。經過一次兩次可能還好，但持續反覆的約會與失望，將如同《愛無能的世代》（*Generation Beziehungsunfähig*）寫道：「每約一個人，約會的特殊性就消失一部分，曾幾何時約會成了例行公事，問問題、找話題和點飲料成為固定流程。我覺得我一直在重複同一個話題，只是換不同方式聊，每次不同的只有對方的臉。」

「約會疲勞」導致眼光變得非常高，因為不想浪費時間在「錯的人」身上、對曖昧關係沒有安全感、不曉得自己的感覺到底對不對，變成每次都在測試對方是否理想，甚至乾脆先開口詢問身家背景感情觀，以免浪費時間。

事實上，**憑著「感覺」所產生的情感，大多情況下不會是讓你最幸福的情感，而是你最熟悉的情感**。可能是從小類似父親的照顧感、母親的無限關注，或是對方的沉穩完全不同於家中整天的吵架。但因為太需要逃離原本的極端，而容易跑到另一個極端。找到的照顧感其實可能是對方想要包養你、無限關注可能是沒安全感導致注意力都放在你身上、沉穩可能是逃避情感只想要有性行為。

這轉變了我們對於交友軟體的態度，甚至是對待愛情的態度，漸漸改用不屑的眼光看待，產生一種自我保護的以偏概全，像是「男人就只想打炮」「女人都只在乎錢」「沒有一段感情走得長遠」。

但有沒可能，那個「感覺」就是看到對方的照片、文字、語態時，內在被激起理想情人的模樣，於是，交友軟體的功能變成一塊供我們投射慾望的白板，一個抱有大量幻想的希望之地？

當不曉得自己要什麼，只知道一個模糊的概念：愛或性，那交友軟體就像是毒癮一般，讓我們一次又一次地進去尋找，找到的卻都是與當初原生家庭極為相似或相反的人。這種情況下，**交友軟體提升了「強迫性重複」的速度，讓人快速得到，卻也快速失去，從來無法獲得真正的滿足**。

因此，交友軟體的蓬勃發展，先是讓衝動行為容易執行，接著失望後讓拋棄／被拋棄的感受愈來愈明顯，強化了對情感的恐懼，也就更覺得自己是感情的受難者，或像是逃避者逐漸變得麻木。

科技總是可以放大人性，交友軟體使我們在感情中原有的特質更加極端：

1. 輕易掩蓋內心破洞

尤其經歷家庭創傷或愛情創傷後，在慰藉伸手可得的時代，很難忍住不去嘗試。但傷口還來不及縫合就找了一個人進入生活，只是用另個人來替代原先的那個人，內心的破洞沒有修補，又被掩蓋起來。直到發現那不是自己要的，這種分離使得傷口更疼了。

倘若缺乏自我覺察，只會持續使用原本的情感模式，在交友軟體上反覆強化。

身為逃避者，伴侶一個換一個，每次都只是上床，當要談感情就消失不見，再換下一個願意與自己上床、不用面對真實感情所需要的溝通與耐心的人。

身為拯救者，不斷私訊對方，總是願意先付出，儘管一次又一次失望，但童年那份「我可以做到」的衝動促使自己持續做下去，要讓對方的傷痛得到緩解。

身為受難者，極度需要愛的補償，因此不斷陷入瞬間的激情，難以抵擋許多人在交友軟體上呈現的「完美自我」，但終將回到一段平淡的關係時，又會失望而覺得受騙。

諷刺的是，我們認定這完全是交友軟體的錯，不是自己的情感模式需要調整，輕而易舉地免除了個人責任，再找下一個新刺激填補空虛。此時的愛情成了一種娛樂活動，不只用來填補原生家庭的洞，也拿來塞滿生命沒有方向感的意義真空。

2. 強化完美主義

另一個極端是，許多人剛聊兩句，覺得不對就換下一個，因為有無限多的人可供參考，加強了完美主義。找不到人交往，因為永遠都有更好的，這種想法只是一種拖延症狀，代表難以再次投入與經營一段感情。

同樣的，若交往後發現對方不如預期，逃避者容易認定「我們不適合」而要分手，而非先想辦法修復兩人的關係。我這麼說並不是認為關係一定總是要在一起，而是當立下了在一起的承諾後，是否曾為這段關係努力？還是說這個承諾本來就是輕率的？因為這是在交友軟體上認識的人，好像就不是一個真實的人？也許一開始有不信任感，但兩人是否溝通過這些事情呢？

逃避者習慣看到伴侶的不好，看到他人的好，但他人的好只是一種對幻想的憧憬與對現實的逃避，因為當新對象成為了伴侶，又會上演同樣的模式：看見對方不是理想的完美伴侶，再去尋找下一個完美的人。

尋找完美的人，說到底，只是為了彌補不完美的自己。

交友軟體只是一面鏡子，映照出人們孤單的樣子

交友軟體只是因應這個時代的產物，它真正反映的就是人性。但仍有許多人認為，淫穢不堪或邊緣可憐的人才會使用交友軟體，而忘了身旁的「正常人」經常也

在上面，甚至自己有情感需求時也會下載來看看。

這個注重物質的時代令人愈來愈孤單，雖然有更多的娛樂供給，但這份歡愉始終填滿不了空洞的內心。物質主義充斥在交友軟體中，使得交友軟體逐漸變成一個更注重表象的地方。你可以看到一堆身材照、寵物照，臉則是遠到看不到，不然就是修圖修到一看就知道是假的。注重外在沒有不好，第一印象很重要，只是過度極端時就容易忽略了愛情的內在條件。

當我們重新檢視內在，會發現許多人其實無法接受自己的不完美而需要偽裝，也才捏造了一個「社會我」成形。**「社會我」是他人期待的聚集體，是從小被要求習慣後的產物。我們都不喜歡這個自己，但非得要用這個部分與他人相處，因為認定這個不是自己的自己才討人喜歡。**這加強了自卑感，逐漸沒有勇氣從虛擬的世界走出來，使得一部分的人寧願留在網路中聊天就好。

「社會我」也使我們預先設定對方不會接受「真實我」，加強了畏縮。即使來到現實相處，交往後也抱著忐忑不安的心，猜想對方會偷吃、嫉妒感強烈、想要控制對方的交友來緩解自己的焦慮。也因為這份不安，許多交友軟體上的伴侶容易分手，然後再責怪交友軟體沒有真愛，憤而刪除。這一連串的舉動，是將自己理想化的願望投射到交友軟體中，創造出一個完美的自己，吸引到一個完美的對象，期待對方拯救那個其實不完美、空虛寂寞的自己。

寂寞的人很難呈現真實的自己。尤其當無法接受自己的寂寞，就愈是想要逃離寂寞，愈是需要將自己呈現為他覺得最多人會喜歡的樣貌，才能吸引到最多的關注，但那個樣貌讓他更確信需要將「真實我」掩埋。

「真實我」是自身最初的樣貌，還沒被忽略、還沒被過度要求、還沒升起心中的層層防衛，一個純樸放鬆的自我，想說什麼就說什麼，想開心就開心，想難過就難過。只是從小到大，這個社會幾乎不鼓勵我們展現出「真實我」，而交友軟體剛好展現了滿滿的「社會我」，強化了需要偽裝的心態，每一個自我都被囚禁在一個寂寞的世界，儘管配對到彼此，仍舊將彼此阻擋在外，維持著熟悉的安全距離。

我們卻忘記了，最初是「真實我」有著被愛的需求才來到此地。

從「社會我」走回「真實我」並不容易，需要有勇氣停留在孤單中，不再逃避。重新接觸自己的孤單、矛盾、悲傷，才能真正感受到生命的活力，從潛意識中醒過來，從外在看到內在的自我，發現自我被寂寞塑造成了什麼樣子。

作家大衛．懷特（David Whyte）寫道：「孤單是透過一段距離，衡量我們與他人的相依。」孤單的時候，才能反過來看清自己的模樣，以及索求的伴侶關係是什麼型態。然後，甘願卸下一個又一個防衛，真正找到安放自己的位置。

Part 3

第 3 部 「逃避者」的愛

Chapter 6

第 6 章 「你也約炮嗎？」

STORY 6

逃避者 志傑 vs. 拯救者 欣宜

欣 崇 宗 芹 允 志

性成癮

Part 3 「逃避者」的愛

Chapter 6 「你也約炮嗎？」

STORY 6

逃避者 志傑 vs. 拯救者 欣宜

志　欣

感情的流變總是複雜，每段關係的結束和開始都有原因，只是我們是否曾經注意過。

大多情況下，關係會由一份過去主要的情感模式主導，然後流竄到不同的人身上，產生相似的結果。就像是極為逃避的志傑和過度付出的欣宜，到了新的關係仍舊重複有問題的情感模式。而且，相處後發現困擾難以磨合，又難以分開，此時更能看出一個人情感問題的所在。

兩人的相遇

志傑與芹萱分開前，已經先在交友軟體上遇見欣宜，他循著同樣的模式，時而出現時而消失，但仗著外表和幽默的優勢，總是能再將欣宜拉回，熱情地聊天。

他向許多伴侶都提出開放式關係的需求，對欣宜也不例外，先表明自己工作忙碌，暫時沒時間交女友，也因為前任太黏，不敢進入一段關係，擔心沒有照顧到對方。欣宜經歷過宗動的黏膩，深深認同不喜歡太黏的關係。他們分享了彼此先前的感情，發現感情觀意外地相符，後續也就約出來吃飯見面。

對志傑來說，他只想找炮友，這樣就不會被情緒影響到工作。欣宜表面上同意，但內心覺得只要用心付出，最終會讓志傑發現自己才是最好的，所以先妥協了這種方法。

交往三個月後，兩人在聊天話題、工作專業、性需求都相當合拍，不會太黏或太疏遠，因此欣宜更困惑為什麼不能當男女朋友。當志傑去找其他炮友，她發現自己愈來愈嫉妒。

「我想要我們是一對一的關係，你去找其他人的時候，我覺得很不舒服。」欣宜按耐不住，首度提出這個想法。

「我有其他的需求。」志傑的音量有點小。

「難道我不能滿足你嗎？」欣宜又困惑又難過。

「現實生活中我看到不錯的人，還是會被吸引，倒不如在交友軟體找陌生人，發生關係後就不聯絡，這樣才不會影響到我跟妳的感情。」志傑非常理智地說。

「嗯……」欣宜皺起眉頭，第一次聽到這個說法。一方面覺得志傑好像是為了這段感情著想；另一方面又覺得這個說法怪怪的，而且不舒服的感覺還是存在。「所以你是想跟我在一起的嘍？」

「就是開放式關係啊。」志傑理所當然地說，好像這就足以解釋一切。但他其實隱瞞了其他同時進行的關係，有的是開放式、有的是封閉式，不敢坦白。

志傑的過去

其實志傑也喜歡欣宜，只是當工作壓力大或心裡感到煩躁，就想尋求刺激掩蓋。他需要大量的肢體接觸，希望馬上找到人來安撫，感受最親密的肌膚之親，這是一種鎮靜的良方。

這份煩躁感從國小出現，因為爸媽在家吵個沒完，要離婚又不離婚。剛開始他害怕爸媽真的分開，他會變成單親家庭而被同學嘲笑；升上國中後，他反而整天叫爸媽趕快離婚，不想再承受摔門大吼的聲響，或警察上門勸架的日常。他在家感受不到一絲溫暖。升上大學後，在交友軟體上約過無數的人發生性關係。

「我只有在做愛的時候，才能感受到對方愛我。」這是志傑回憶起每段感情的唯一注解。為了感受被愛，所以找人做愛。

他向朋友炫耀自己的性經驗，但他沒有說的是，他不只想尋找刺激，更需要緩解內心的煩躁。他無法從平凡的相處中感受到愛，也沒有信心可以安分地只待在一段關係。

這個難以被滿足的內心需求，志傑自己也意識到，但他知道多數人無法理解。他曾向高中時期的女友解釋自己的敏感情緒，但被嘲笑帶過。所以升上大學後，他選擇在交友軟體上約炮，只要做愛就好，其他免談。

欣宜的過去

欣宜和宗勳分手後前來諮商，光是悲傷和抱怨就講不完了。她認定自己做得不夠多，對方才會跑掉。儘管我協助她連結過去家庭與當前愛情的相似性，她仍執著

「有更好的方式」，所以抱怨完宗勳就離開諮商了。

對拯救者來說，如果無法接受自己的拯救者模式是困擾感情的主因之一，那麼仍會把責任丟給新的交往對象，再去拯救對方，進入下一段有問題的關係輪迴。

而志傑像是宗勳的相反，因為他不像宗勳一樣索求無度，相反的，他很獨立。但這反而令她慌張，不斷在心中詢問著：「你需要我嗎？」對欣宜來說，志傑的獨立帶給她一種被拒絕的感受，像是以前的爸爸，無論再怎麼付出仍喚不回爸爸的關注，於是欣宜更想努力討他開心。

被志傑吸引後，她開始找尋能為他付出的地方，而在這段關係中的付出，就是委屈自己成全志傑的「開放式關係」。

兩人的拉扯

志傑雖然和欣宜相處得很好，但也感受到她付出太多，訊息經常秒讀秒回、一直灌輸他要和原生家庭和好，這些都變成一種壓迫。即使他知道自己內心的問題，但愈是被逼迫，愈是不想解決，更不想和人討論。

「我不懂，為什麼你就不能跟我聊聊你心裡在想什麼？」欣宜的語氣盡量溫和。

「我就不知道要說什麼。」志傑一方面知道要說什麼但說不出口，另一方面又不知道該說什麼來掩飾，這是種很矛盾的感覺。

「就是你現在的感覺啊！」欣宜有點火大。

「……」志傑盯著右手不斷摳著左手拇指指緣的皮。

「沒關係，你有什麼話再慢慢說就好。」欣宜感到自己又給對方壓力了，趕緊收回。

欣宜很需要志傑說出自己的需求，這樣她才感受到志傑的在乎。但志傑不太會說，也不太敢說，因為害怕欣宜生氣和鄙視，一有糾紛就冷處理，而且轉去找其他伴侶尋歡，讓欣宜更生氣。這段時間，芹萱重新聯絡志傑，兩人又在咖啡廳幽會。志傑透過和芹萱相處的激情時光，來逃避面對和欣宜的感情問題。

即使志傑喜歡欣宜，但他逃避面對感情問題，覺得應該要找下一個更能接受自己的人，所以更努力發展自己的興趣來吸引其他人，讓這段感情逐漸淡去。慢慢的，志傑把欣宜當作備胎，欣宜仍委屈自己祈求志傑的愛，這一拖，就是三年。三年間欣宜的心掛念在志傑身上，每一次提出一對一關係都被拒絕，又是一次大爭吵。但每一次出遊卻也相處得很愉快，讓她始終覺得這段關係能夠改善。

欣宜的心中矛盾且掙扎，再度斷斷續續前來諮商，開始問著：「為什麼我離不開他？」

心理分析

通常當事人尚未感到一半的責任出在自身，為了保護自尊心，潛意識會將過錯怪到對方頭上，或執著於一個簡單的原因，或尋找快速跳脫痛苦的特效藥。等到流轉了數段愛情後，才甘願放下執著，深入體會情感並沒有這麼簡單，需要進入內心，坦誠面對傷口，一點一滴來修復。

像是欣宜和宗勳分手後想要趕緊找到下一段感情，填補失去伴侶的空白，好像就不用面對自己情感的缺陷，但迎面而來的，總是另一段不健康的感情關係，因為她還沒有辦法看清自己停留在童年的創傷。她不願停下付出，仍在當個「小大人」期待伴侶成為替代性父母的回報。

欣宜的過度付出，從對待宗勳的外顯型付出，改為「允許對方逃避」與「給予個人空間」的內隱型付出。這與健康的「允許」和「給予」有所不同，因為她並非心甘情願，而是委屈求全，期待對方有一天回頭感謝。

既然有委屈，一定有受不了而爆發的時候，就像欣宜忍到不行時，話語和態度也不會太好。而欣宜爆發結束後，意識到不該這麼做而感到自責，於是下一次忍得更久，但又受不了時，便以更嚴重的方式表現出來。

而志傑是所謂的「逃避者」。遇到欣宜之前，他並沒有與芹萱斷乾淨，兩人都需要一段感情維持愛的感受，所以仍不時一起過夜，把其他問題擺一邊。直到欣宜出現，像是有了浮木一般，才逐漸和芹萱劃清界線。

只是和欣宜的相遇，志傑還是在逃避面對情感。他覺得真正重要的是把自己的工作弄好。其實工作也是一種逃避，可以不用面對情感的不知所措。工作上的成就感和愛情中的刺激感都是一種分心物，讓他可以逃離心中的煩躁。他以為滿足慾望就能滿足自己，結果一個慾望被滿足之後更為空虛，於是繼續找尋其他慾望，但終究被滿足的只是慾望，不是自己。

真正的問題是，當需要討論感情問題，尤其是嗅到會吵架的氛圍，志傑馬上勾起過往家中的煩躁感。當初，每次都是他要出面阻止爸媽紛爭，但又被吼著：「大人的事情你不要管！」他既是幫忙的人，卻也是被嚇阻的對象。當下他其實嚇壞了，不曉得該如何處理大人間的衝突。從那時起，還是孩子的他只要前進一步，就會被情感可能產生的衝突、爭執、微小的辯論給推回。他被綑綁在時間的輪迴中，無法長大。

慢慢的，吵架和害怕的感受擴及到其他層面。長大後，他變成一個好好先生，無法替自己發聲。和朋友師長有爭執時，寧願怪罪到自己頭上，也不要撕破臉。尤其是伴侶關係，看著爸媽吵架，認為沒有人能夠相處一輩子，因此寧願不要碰觸感情、交往吵架寧願一個月不和對方聯絡，也不要感受到那個內在小孩的恐懼。

所以大多數的相處中，志傑會選擇閃躲問題而不敢溝通，這讓欣宜生氣，有些時候被逼急了，他更賭氣不想說。雖然會使關係惡化，但志傑認為，假如說出來是尷尬的、錯誤的、引起爭端的，那就會是一場災難，因此選擇統統閉嘴。當情緒被憋住，一定會用盡各種形式竄出，在極為嚴重的狀況下可能演變成精神疾病，普遍的狀況則是形成一種莫名的煩躁感、易怒、壓力大。

逃避者會養成一套專屬的紓壓模式，對志傑來說，就是「性」。在他的幻想中，對方能夠給予關懷，雖然與現實層面不符，但做愛時不用想那麼多，因為性行為是一項高度興奮的活動，能暫時抑制纖細的那一面，停留在身體的強烈感受中。他仍能感受到一種類似愛的東西，卻不用表達出內心的情感，因為都被性行為結束後的釋放感和疲憊感淡化了。漸漸的，只要感情中遇到問題，就想找下一個人，也就把控制權交到其他人手裡，自己不用負起改變的責任。

他持續充實內外在、發展多元興趣，這種自我成長的過程，並不是「因為妳，我變成更好的人」，而是認為：「因為妳有天會離開我，所以我要變得更好，讓我在未來的感情市場中有競爭力。」也因此，他不自覺地避免將關係走深，每一次都先畫好關係的逃生路線，每一段關係只期待身體的依賴。所有的愛情都是騎驢找馬，因為他感受不到安全，也就注定無法逃離相似的情感模式。

除非像是欣宜，最後終於願意將目光看回自己，探索「我」該如何改變。

性成癮

你缺的是「性」還是「愛」？

志傑曾經來到諮商中，表示自己感到空虛孤獨時，並非想找人聊天，而是想找人上床。他想要完全被填滿，這種合而為一的感受令他放心。

「我只有持續約炮才能專心工作。平常都沒問題，但當一陣子沒有成就感，我就很需要做愛。我不曉得那種感覺怎麼來的，整個人很煩躁，沒辦法定下心來。」

「所以你通常都怎麼辦？」

「我都當天在交友軟體約到商旅見面，做完馬上離開。」

「有點倉促的感覺。」

「對，不然就接觸太多了，我只想要有那種感覺就好。」

「什麼感覺？」

「緊緊抱著的感覺。」

「比較像是精神層面的陪伴？」

「對，我覺得女友沒辦法常常陪我，如果留下來又很像背叛女友，所以待一下就趕快走。」

很多人常常容易感到生氣、煩躁、悶悶的，這些感受從小就有，當時不曉得如何處理這些情緒，只能轉移注意力，讓自己開心好像就沒事了。但長大過程中需要表達這些負面情緒時，卻發現沒有人能夠接受自己，也就逐漸閉嘴了。只是，這份煩躁感仍在，它轉移到其他事情：可能是更容易和朋友吵架、對旁人沒有耐心、全心投入工作不停歇。總之就是靜不下來安頓內心，一定要有些分心物，或有個對象讓他順勢把煩躁感發洩出來。

煩躁感需要的是一份溫柔的安撫，需要有人重新看見他的不安，也就是需要一份愛。但當一個需要愛的人，無法忍受一段關係也需要耐心建立與配合對方，那麼交友軟體立即的「性」就變成緩解「愛」的特效藥。因為性行為的過程消除了身體的距離，也模糊了心理的邊界，能夠瞬間感受到「像是被愛」。

很多人以為自己是生理需求不滿足，壓力一大就有一種想法是「我想找人做愛」。但細聊之後，發現是內心空虛痛苦的感受難以化解，就像志傑真正沒有獲得滿足的，是與一個人相互擁抱著，可以貼近到了解自己沒說出的那份無奈與挫敗。

心理諮商的過程中，不論單獨前來或伴侶夫妻一起前來，當談到無法擁有性行為或性行為不滿足時，一部分是生理上的器官障礙，但更大一部分是原本的自我受傷了，累積許多複雜的情緒後，才在兩人的性生活中冒出來。簡單地說，他們缺乏的是愛，才讓彼此在心中不滿，而不是性。

這個情況總是遍布在社會文化中。男性通常不被允許表達情緒需求，因為會被認為是脆弱的、陰柔的、沒擔當的，可能會遭來責備，或曾經嚴重挨打。所以當他有心理需求，也許是沒有受到重視、受傷了不敢說、承擔高壓又沒有宣洩的管道，這份心理需求就容易轉移到強烈的外在行為來處理，最極端的就是性與暴力。而性又是社會比較能夠接受的方式，尤其是男性的性濫交被賦予一種文化特權，在某些同儕團體中甚至會得到稱讚。

當他發現用身體來宣洩心理需求，竟然還被誇很厲害、有男子氣概時，更強化了這個行為的可行性，卻同時削弱了表達情感的必要性。於是不願也不用處理心理問題，持續透過性來宣洩。但這終究會造成伴侶的不滿，因為溝通相處的問題沒有解決，這段關係愈來愈卡住。他反而更需要透過性行為來緩解，形成惡性循環。

相反的，女性表達出脆弱是被社會接受的，如果被形容為敏感的、柔弱的、沒安全感的，在華人文化中莫名的合理，所以她的情緒能夠宣洩出來。這些都是一種文化刻板印象，但當多數人認同了刻板印象，就會照著文化劇本演出「應該」要有的特定行為，潛意識中也循著特定的思考路徑。

因此，許多人的觀念仍停留在女性提出性需求是羞愧的、骯髒的，即使心底不這麼想，但總是會從輿論思維和報導邏輯中感受到一股對此的攻擊性。女性的生理需求不斷被禁錮，無法開誠布公地表達，那怎麼辦呢？女性反而會用心理需求的黏膩讓對方帶出她的生理需求，但伴侶未必能夠了解。即使在一段交往許久的關係，部分女性仍然不易表達。而總算鼓起勇氣求歡卻被拒絕，她更強烈感到：「你連做愛都不想要了，是不是不愛我了？」

不論任何性別，如果無法自然表達生理需求或心理需求的任一邊，就需要被另一邊代償。而代償的結果，容易變成一邊過輕，一邊過重。伴侶關係中，感到過輕的人覺得被忽略而求向他處，感到過重的人則覺得壓力大而想離開。

兩個人永遠擦身而過。

當「性」變成對抗自卑的一種手段

性成癮與愛情成癮、浪漫成癮類似，只不過這個需求從內在轉為外在。

自卑產生的性成癮者採取一種折衷的態度：「我們的關係僅止於身體。」他給自己的愛很少，覺得自己不配，此時就需要一份他人的愛來支持他。所以，他愈自卑，就愈需要找人發生性行為來證明：「我是可以被愛的。」

但每當性行為結束，就更自卑於需要透過這種方式獲得愛，也無法向人談起這件事，難以發展健康坦誠的關係。尤其是因為對方的權勢、金錢、地位而發生的性行為，雖然可能是成癮者主動提出，但他有一種「不想要卻又得透過性來證明自己」的思維，容易在完事後產生一股自我毀滅的羞愧感。

這類型的逃避者經常在交友軟體上放著誘惑的性感照片，這是他唯一知道能夠讓別人喜歡自己的方法。但同時，又希望別人不要被外表或身材給吸引，每當有人上鉤都會令他失望。他在潛意識中設下一道道關卡，需要對方先跨越這個障礙，才能得到自己的愛。他希望交到所謂純潔的朋友，好像那才代表自己真的被愛了。

對他來說，感情永遠令人失望，因為他用了讓自己失望的方法卻沒有發現。你可能會覺得很奇妙，他怎麼可能沒有發現？因為這是他最熟悉，也最擅長，就算看見也會視而不見的唯一方法。

對很多人來說，身體是心理的最後一道防線，如果對方不想和自己做愛，就好像整個人被拒絕。反過來說，有人願意和自己做愛，允許碰觸與被碰觸到最私密的部分，代表還有人願意接納自己、喜歡自己。**這種身體的碰觸反映孩童時期的願望，他需要拍拍身體安撫心靈，卻被用「大人」的方式處理，因此永遠無法滿足內在小孩的真實需求。**

性絕對不只是性，至少不是單純的生理需求和滿足，它混雜著各種心理因素，包含情感的滿足與失落、情緒的興奮與無奈、權力的掌握與失控、自我的否定與認同、生而為人的獨立與分離等。心理因素占據比生理因素更大的比例，只是我們是否知道此刻的自己是因為內在趨力而產生表層的「性」。這也是心理治療的祖師爺佛洛依德不斷強調，不要拋棄性理論的原因之一。

性總是變成自我價值的展現。尤其在高度自卑的人身上可以見到性變成一種成就的證明：「我能夠給你快感」是「我還有能力給予」的潛臺詞。

尤其是男性，在華人文化中需要扛起「給予」的角色，在父權主義下有權力地位才具有存在感。所以在性愛中不斷確認對方是否滿足，甚至在做愛時間、生殖器大小、伴侶數量「比輸贏」，各方面都在說著「我是個有能者」，尤其愈傳統且脆弱的男性愈需要在這方面較勁，因為這底下說著：「倘若無法成為成功的男人，至少我還是個男人。」因為被認定是「男人」，就好像還有得拚，可以避免承認失敗帶來的痛苦。

反過來說，女性也可能把性當作一種證明，證明自己是有魅力的、還有人要的。但換來的大多是更為空虛和自卑的感受，因為當意識到這份魅力是建築在表層的性愛時，一方面暫時緩解不被愛的想法，另一方面卻感到內在需求沒有被滿足。倘若她只知道用性來留住對方，且要保持文化期待的「順服乖巧」，則會加重自卑脆弱的感受，反而更需要用做愛來確認愛還存在。這種自我強迫的性行為讓女性貶低自己、厭惡自己，甚至傷害自己。

在非傳統性別角色的詮釋中，倘若有著高度匱乏感，那麼性同樣意味著一方透過給予來感到被接受，另一方則透過接受來給予，都是渴望愛的一種補償。

停止透過「性」逃避感情問題

伴侶間有性行為是再正常不過的事情。只是當開始影響日常生活，嚴重干擾到工作與人際狀況，甚至沒有做愛就感受不到伴侶的愛，那就是個問題了。

當性成為一種舒緩情緒的手段，就會不停想著如何才有做愛的機會、如何獲得更強烈的興奮感。一方面是因為性行為能讓身體從緊繃轉為放鬆。另一方面，若沒有身體的接觸或性方面的刺激（文字、語音），無法掩蓋內心深處的痛苦：可能是被貶低的平淡生活、無從宣洩的壓抑情緒、難以撫平的情感創傷。

性成癮者從性中拿回控制自我的權力，才能感受到他人的愛，也證明自己還有人陪伴、還有人要。透過身體的接觸、氣味的渲染、文化賦予的標籤，性行為成為一種「我好像還是完整的」的鐵證。

但也因為把大量精力都放在性，透過性來逃避真正的問題，讓伴侶總是有被忽略的感受。而且，逃避者所忽略的問題往往自認難以解決，因為他從來沒有學到如何適當地處理感情問題。而當性愛帶來的興奮感退去，那股壓藏在心中的無力感再次湧上心頭，這種反噬的感覺會令他感到自我厭惡，他知道這不是好方法，卻只能持續使用。

在性成癮的伴侶關係中，性是逃避者用來愛人的方式，身體接觸則是讓他感到被愛的時刻。透過性高潮得到的愛，像是賦予這段感情真正的價值。許多情侶遇到溝通困境，或覺得關係了無新意，會透過更刺激的性愛手段來解除感情難關。尤其高潮過後，彷彿在宣示：「我們這麼合，只有我們才能讓彼此快樂，其他問題都不重要了。」性行為像是證明兩人的關係沒有問題，說著「你還是我的」「我有能力讓你愛我」。

性高潮的確能釋放生理和心理的壓力，兩人完事後能放下原有的緊張感，稍微能溝通。但有溝通困難的伴侶，高潮後反而讓問題得到不用處理的機會。下次吵架又繼續用性來解決，直到最後做任何事情再也拖延不了無法溝通的困境，於是分手。有時還會困惑：「為什麼相處得那麼好，只因為對方忘記關燈就大吵到拒絕聯絡？」

但在一段關係中，我們在乎的從來不是對方有沒有關燈，而是身處黑暗時對方是否願意替自己點燈。

逃避者在關係中不願處理爭吵困境、難以面對情緒，若要追本溯源來治療，這個源頭總是來自童年，一個令人想要掙脫、感到情緒窒息的童年。

小結——情緒窒息的童年

情緒窒息是一種心理上的喘不過氣，因為塞滿了令人難以呼吸的負面情緒。還是孩子的我們需要父母的愛，所以當父母用情緒塞滿整個家，我們也只能天真地接收。

逃避者很早就學會了將理性與感性分開，展現出理性的那面是為了保護自己，不再被拖入痛苦的情感泥沼。只是，內心的不滿也逐漸升高，長大後更想要逃離這種情緒困境，尤其是以下兩種情況：

1. 過度保護

父母的過度保護，讓孩子沒有機會成為自己想要成為的樣貌，也就沒有機會長大。他一直保持一個「社會我」的樣貌，很難活出真實的自己。

這樣的孩子長大後，尤其是出生在經濟狀況良好的家庭，來到諮商中，說著家庭多麼幸福美滿，自己卻找不到人生目標，也不曉得自己是誰。他的潛意識中早已認同父母保護中的那個樣貌，他想要逃離，卻難有所突破，最終只能空虛地享受那份安逸。

父母維持著至高無上的權力，讓孩子感到被貶低和窒息。而進入一段愛情關係是難得自由的狀態，他第一次感到可以不用再被束縛。他害怕又被困在一段有「門禁」的關係裡，所以在愛情關係中更想要為所欲為。

過度保護就是不允許孩子獨立，孩子會感到不被信任，因此對父母是憤怒的。但又因為父母對他好，他難以對著父母表達怒氣，這份怒氣便容易發洩在伴侶身上，覺得「你不要一直限制我」。

2. 過度索求

過度索求包含了過度保護，因為保護也是一種索求，說著：「你要在我的掌控之中。」

另外一些時候的索求，即是不斷在故事中看到，父母有著嚴重的相處問題，孩子總變成其中一方的「情緒配偶」。情緒配偶的概念在第一章的【故事1】稍微提過，當父母過度需要孩子，孩子會變成安撫父母的人，如同父母的另一位伴侶。那些本該由父母互相承擔與轉化的負面情緒、有毒情感，因為另一方的消失，變成孩子需要一肩扛起。

在一段不健康的關係中，孩子經常變成父母的延伸物。父母一旦在生活中遇到挫折、關係崩盤，很自然地拿孩子來輔佐脆弱的自我，當作彌補自己不夠強壯到面對壓力的後援。孩子長大後容易變成不斷接收對方情緒的拯救者，但另一方面，當這些情緒大到難以負荷，他也可能會逃開，變成一位情感的逃避者。

可以想像，小小的孩子要承受大人世界的瑣碎和磨難，那會是多麼龐大的壓力。因此，他在能跑的時候，理所當然想要逃離這種感受，才不會感到內在窒息。不只在情感上，面對自我的情緒時，孩子也會想盡辦法不要感覺到情緒。許多人會投身在麻痺性的遊戲或酒精藥物裡，也可能透過不斷工作這種「健康」的方式逃避。來到伴侶關係中，更是想盡辦法不要被情感纏身，因為那是最容易引起情緒的處境。他不允許自己表達情緒，因為情緒是可怕的。

這個現象總是一代又一代地傳遞。逃避者用工作逃避不會給愛的事實，因為沒有被上一代愛過。在疏遠的伴侶關係中，逃避者的伴侶需要靠小孩才能舒緩情緒，因此小孩又變成一位逃避者。這個狀況很常出現在傳統家庭，在過去，男女的性別刻板印象生硬，逃避的父親與受難卻持續付出的母親成了一幅慣常的文化圖像。

心理諮商中，我會用兩個圓的方式，向個案說明人與人之間的相處狀態。

在健康的愛當中，多數時刻兩個圓的邊界剛好碰觸在一起，有時稍微交疊，有時稍微分開，是一段有彈性和韌性的關係。

在過度黏膩、控制與被控制、施暴與受暴的關係中，兩個圓大多完全重疊。這導致當其中一方有任何情緒或想法，另一方也隨之受到影響，希望對方能夠完全支撐住自己，所以用極端的手段抓住這僅有的倚靠。

而在過度逃避、疏離、恐懼的關係中，兩個圓沒有任何交集的可能，遙遠到近似陌生。兩個人不面對對方，或害怕對方而不敢靠近，也就感受不到任何的愛。

這是我們從小與父母相處時，不斷學習如何成為一個人的過程。在往後的生活中，也重複著熟悉的距離與人相處。我們想要靠近，但靠得太近擔心被傷害。我們想要遠離，但跑得太遠又恐懼失去愛。

「自我分化」是心理諮商中非常重要的概念，指的是一個人能否擁有屬於自我的心理空間，不會被侵占，也不需要霸占他人的空間。分化程度高的兩個人若展開一段親密關係，即奠基在樂於分享，而非匱乏導致的補給。

逃避者的心中，也渴望愛的關係，只是每前進一步都令他害怕，他的心理空間可能被壓縮、被思想控制、被迫承擔無法負荷的情緒，而如果只用性的方式，好像能將對方隔離在外，不會影響到自己的情緒或工作，不必承擔把自己交出去的風險，不用對對方負責，又能得到近似於愛的感受。但這種拒絕面對的行為終究有一天會崩潰，因為他始終在外流浪，一旦遇到閃電和風雨，便找不到內在的家。

身為逃避者，你需要了解自己正在逃避什麼。

身為逃避者的伴侶，你可以傳達一個明確的訊息，告訴他心裡那個小孩：

「你承擔了好多不想要的感覺，讓自己變得疲憊不堪。我想要多了解一些些的你，替你分擔。如果你願意，我們可以一點一滴慢慢來，不用擔心。」

第3部總結——沒有期待不會沒有傷害，你只是讓自己忽略傷害

相較於拯救者不斷向外界「付出」、受難者不斷向他人「乞求」，逃避者看似獨立於外，其實是抱著沒有期待就沒有傷害的心態。他無所求，但並不是真的沒有需求，只是讓自己不再感到有需求，不再感到失望，也就不會再受傷。

其實相較於其他兩個角色，逃避者更需要他人的關愛，因為他已經絕望到什麼都不要了。就像憂鬱症患者初期還會說著失落悲傷的事情，但極度嚴重的憂鬱症患者反而沒有情緒，不論快樂或悲傷，逐漸感受不到自己，那才是最嚴重的狀態。

當一個人感受不到自己，會慢慢失去求生的意志，他可能變成冷血的機器人，只剩下執行任務的功能，這是一種慢性自殺，因為覺得什麼都沒差了。

面對期待，雖然會有要求和壓力，但事物不是總只有黑白兩面，也就是全然扛起責任或完全忽略逃避，而是找到介於中間的「合理的期待」。

倘若對關係抱有不切實際的幻想，就會因為沒有達成而失落，然後放棄溝通。而所有關係會失敗的根本因素，即為無法溝通。這個無法溝通可能從現在的「愛錯」當中才讓你發覺，不論你是願意溝通的人，還是逃避溝通的人，好像都有一些

難說清楚的複雜感覺。這種感覺可能很早就有了，和過去的伴侶、兄弟姊妹、父母。當我們無法接收與傳遞心意，也就感受不到被接受的愛。

當孩子渴望的愛被阻擋在門外，他會想盡辦法獲取，這個過程使他逐漸走向一個習慣的行為模式，導致後來在所有親密關係中，都使用長久以來建立的這個穩定卻未必適合的方法去愛人。

最常見與根本的模式，即是家庭成員不願正視家庭問題，就算正視了也不願討論，討論了還是不願處理。他們也許自以為討論過很多問題，像是孩子在諮商中抱怨，爸爸承認過去太重視姊姊，忽視了妹妹的存在，唯有考到第一名時才稍加肯定，其餘時間都對姊姊照顧得無微不至。於是妹妹往後的人生極力爭取他人的稱讚，也只有能力和金錢才是她的一切，才是愛。對她來說，賺了多少錢和爬到多高的位置，決定了她的自我價值，卻也因此疲憊不堪。

爸爸承認了這個問題，卻對此無能為力，用哀求的方式說著：「不然妳還要我怎麼樣？」妹妹也不曉得能怎麼樣，於是就放任不管了。可是，正是這種態度令她更加痛苦，因為看到問題卻無力解決，反而更責怪自己傷害了爸爸，想用更多的金錢物質來彌補爸爸。當爸爸開心，她又重新掉入金錢等於愛的循環中，這份痛苦懸而未解。

真正的問題是，爸爸無法和孩子討論當初的情況，好像承認就是解答，期待孩子別想了。但對孩子來說，承認只是問題的開端，真正期待的不只是爸爸的道歉，而是能建立起親近的溝通橋梁，擁有更多相互分享和關注的時刻。但被拒絕後，孩子也就勉強閉嘴不談。這種不管問題的態度，長大後會自然轉移到愛情中，習慣不與對方有深入連結，最後就如同故事中的主角，一次次災難性地收場。

從小，我們看到父母的行為對自己造成傷害，還是孩子的我們也模仿父母來學習成為一個有情感的生物體。尤其面臨壓力下，這種烙印在腦海中最深刻的觀察學習，會直接反映在行為上。

每一次被忽略的對待，都是一種創傷。每一個家肯定都受過傷，客觀來說，有些是巨大的災難性創傷、有些是微幅的小型創傷，不論哪一種，**家庭成員受傷的程度不只取決於客觀的創傷大小，而是主觀經驗中，能否感受到家人願意相互支持與討論的程度**。

唯有彼此願意放下防備，勇敢地多說一些、包容地多聽一些，理解彼此的期待和渴望是什麼，以及如何建立起對彼此適當的期待，才可能重新找回舒適自在的愛。

Part 4

第 4 部　復原的練習

Chapter 7

第 7 章　脫離受傷的關係，讓自己不再委屈

欣　崇　宗　芹　允　志

#情緒炸裂　#惡性循環　#愛的路徑　#情緒感受
#父母關係與伴侶關係的相似處　#關係　#自己

Chapter 7 脫離受傷的關係，讓自己不再委屈

我們擁有幸福的可能嗎？

倘若從小的成長過程中無法得到妥善的照顧，往後總是難以產生親密的連結，因為最初沒有培養出愛與被愛的習慣。

相反的，過多的愛也是一種壓力，當這個愛強烈到無法負荷，便會懷疑父母是否真的愛自己？可能是父母提供愛時，認為需要提供到這麼多才算是愛，但沒有與孩子確認過。也或許是父母心中不斷向自己施壓，深怕給得不夠多，顯得自己不夠好而不被孩子所愛。

社會給予的愛也漸漸失去。資本主義的社會追求的是利益價值，和睦的鄰里互動變成一扇又一扇的鐵門，防止他人入侵。家庭與家庭之間的連結很少，我們花費愈來愈多時間在職場，想要在人群中獲勝，因此總是難以與人建立起非競爭性的和平關係。

許多人必須把自己想像成一個全能的人，必須什麼事情都完美，才會被接受、值得被愛。這個全能的人雖然渴望親密，卻也自認還不夠完美到真的能被接受的程度，而這些渴望的日子只能壓抑。

在他心裡，愛與被愛的需求愈來愈多時，倘若出現了一個人，用力補足他無限的自卑感，他便會奮不顧身撲向對方。因為這個人難過而難過，因為這個人快樂而快樂，所有的生存意義頓時放到對方身上，而不是自己身上，所以當對方無法再愛自己，就變得異常痛苦，更奮力取得對方的愛。而這個奮力無法換得愛的時候，就顯得疲憊不堪，出現憂鬱、妄想、強迫等精神疾病。

就算換到愛，他也會懷疑其真實性：如果有一天失去了這些努力，那愛是不是也隨風散去？他缺乏對人的信任感，因為沒有人值得相信，只能不斷追求更高的地位，擁有更多的財富，堅信自己要更完美才會被愛。

人在寂寞時，會做一些傻事。然後自覺長了智慧之後，去做一些更傻的事。

我們因應的方式大多是繼續奮鬥，直到不行了才逃跑，始終不願面對問題的真相，因為真相會將幻想的泡泡戳破，回到現實。

我們需要表達出真誠的愛，說出真正的想法，表現出真實的樣貌。心理諮商當中，遇到最多的情況也是個案無法向伴侶、父母、朋友、同事表達自己的感受，衍生出種種的問題。

直接溝通有時會讓人覺得太直接。可是你擔心的是什麼呢？那個樣子不會有人喜歡嗎？反過來說，你願意喬裝一個不是你的樣子一輩子嗎？

當我們說，表達「真實的自己」，也許很多人會想像「又懶又自卑又情緒化的自己」，但起初的你是這個樣子嗎？還是說，這是從某個時間點開始，你才不想做任何事情、一點自信也沒有、容易因為小事而激動？每一種性格的養成都是有原因的。尤其是不安與自卑會使你緊緊抓住自認為「真實的自己」。但除了這些，你肯定還有些珍貴的特質，是平常表現了卻不被注意，甚至連自己都忽略的。然後逐漸的，養成一個「又懶又自卑又情緒化」的自我認同。

不安與自卑的養成，經常是以下這個模式。

當一個人還是小小孩，有需求的時候找不到媽媽，他覺得慌張。突然間媽媽出現了，提供他需求。突然間媽媽有事又離開了，他剛開始會等著媽媽回來，等了許久不回來，便開始哭鬧、大哭大鬧。於是媽媽回來了，滿足他的需求，但他沒有要喝奶，媽媽卻硬塞牛奶給他喝，於是他又大哭大鬧，才讓媽媽停止強行餵食。循環了無數次後，他學到了原來媽媽無法在他需要的時候出現，除非大哭大鬧；媽媽也會隨時丟下他不管，除非他大哭大鬧；媽媽也可能逼迫他做不喜歡的事情，除非他大哭大鬧。因此，他一感受到自己有什麼需求，就大哭大鬧。長大後，他覺得心裡空空時總是哭鬧，卻也愧疚於自己總是哭鬧，也以為自己就是個只會哭鬧的人。你可以把「媽媽」改成爸爸、奶奶、男友，或任何一個與你長時間相處的人，全都適用。

在一個不友善的環境下長大的小孩，**總有些共通的特質，像是自我認同模糊、人際界線僵固、缺乏同理心、鄙視或倚賴家庭、禁止自己說出內心話。這些都是從小學來的表達方式，長大後養成了固定模式。**只是，現在這些方式不適用了，或造成困擾了，而我們不曉得還有什麼方式，但總之，有一個強烈的聲音說著：「再怎麼樣都不能表現出真實的自己。」這個聲音好強烈，也許就與當初被拋棄、被忽略的感受同樣強烈。

為了保護自己，即使知道會傷痕累累，也不要承受再次被丟下的痛苦，於是持續使用這些不適應的方式過著痛苦的生活，幻想「將來會幸福」，心裡卻焦躁困惑著：「**真的能得到幸福嗎？**」

以下的篇章將帶你一步一步嘗試找回真實的、根源的自己。也許有點不習慣，也許有點膽怯迴避，但也或許更加舒適自在。無論何者，都沒關係，盡力就好了。

PRACTICE 1

你的童年至此，是否累積了情緒炸彈？

「爸媽在我大班時去國外工作，兩三個月才回來一次，回到家中空蕩蕩的，我從那時就討厭獨處。」

「媽媽生氣的時候會把家中的東西都砸碎，憂鬱的時候哭到隔壁都聽見，我從小就不敢靠近她。」

「我爸在我五歲因為骨癌過世了。除了難過之外，我只想著：如果你真的愛我，為什麼要丟下我？」

我們理智上知道，父母也是身不由己，但情緒上總是難以跨過那個檻。每當失去一段關係、特別孤單缺愛，總會跳出埋怨父母、被父母拒絕的情緒。尤其對前面第三位個案來說，死亡是一種終極的「拒絕」，儘管父親並沒有拒絕他，但他「感到被拒絕」，好像自己就是沒人愛的小孩，進而痛哭失聲。

當自己或伴侶產生不合當下事件比例的「情緒炸彈」，也許是潛意識中存在某些幻想和期待，在關係中難以被安撫，而這和對方未必有直接的關係，而是與童年的需求、期待父母該如何滿足自己有關。所以來到伴侶關係，當潛意識中感應到對方的某些行為特質類似於童年的負向情境，就容易勾起負面情緒，進而強烈渴望得到補償。

這時也容易產生「執著的愛」，也就是更離不開這個人、要對方確保只愛自己，以及千奇百怪的要求必須執行。**「執著的愛」並不是「愛」，重點在於得到補償**。健康的愛讓伴侶互相信賴、關懷、尊重。相反的，執著的愛則被焦慮、拋棄感、自卑感所占據。伴侶照做就會欣喜若狂，伴侶拒絕就會痛苦難受。伴侶沒讀訊息或已讀不回，就會有一股強烈的空虛末日感襲捲而來。而直覺能夠排除心中難受的方法，就是父母那種憤怒的砸毀物品、大聲哭吼、以死相逼。

這些情緒不是有意識的模仿，而是無意識的心理遺傳。這對伴侶是極大的壓力，只要沒有小心翼翼接住創傷者，就得面對排山倒海的負面情緒。

對創傷者來說也很辛苦，他反覆思索伴侶的每個舉動是否有著拋棄自己的徵兆，等同於把情緒的責任交到對方手中，要求被完美地照顧著，因此也特別期待一位完美情人的出現。他打從心底認為，只要有那位「完美情人」就能從此心滿意足，所有問題都能迎刃而解，享受前所未有的愛與被愛。只是這種狀態下，這位情人不再是情人，甚至不被當作人，而是生存的必要條件，因此焦慮不安更加如影隨形。

要走出執著的愛，最重要的是找回情緒的控制權。也就是在伴侶關係中，分辨哪些話語、行為、事件會引發不合比例的負面情緒，像是以下：

「他提到跟異性朋友單獨吃飯很開心，雖然知道他們沒什麼，也提前告知，但是馬上就聯想到他不要我了，後來賭氣好幾天不跟他說話。」（自己也知道不擔心，但就是莫名不安。）

「同居後對方出門前沒有告知，醒來才發現他不見了，我會一個人坐在床上哭好久。」（照理說打給對方確認即可，但憂鬱感來得措手不及。）

「那天小爭執時他轉身背對我，我瞬間變得很生氣，拿起東西丟他，後來變成激烈的爭吵。」（每一任伴侶背對自己時，都會異常憤怒。）

寫下你情緒炸裂的時刻

PRACTICE 2

你的關係中，出現哪些惡性循環？

每一個劇烈反應的背後都有一個烙印在心中的故事，仍舊鮮明的火紅且滾燙。

一個被父母拒絕的孩子，若求愛的管道仍只有父母，那麼在尚未發展出其他情感前，只會加倍努力，從希望渺茫的父母身上，用更強烈的情緒或行為來取得精神生存必備的糧食——愛。這時候我們有兩條路徑：

1. **棄而不捨：**愈被頻繁地拒絕，未來一有機會就愈渴望獲取（拯救者、受難者）。
2. **直接放棄：**不再相信與投入感情，封閉情緒，從此與人隔離（逃避者）。

童年各種形式的被忽略、不受尊重、過分看重，都可能是孩子主觀認定需求未被滿足的時刻。大部分時候孩子會「說」，只是這時大人有沒有聽見？**不論是哭鬧、討好，還是悶不作聲，種種行為只有一個目的——被重視。**

當這個需求仍未被滿足，會更強化這個行為：哭鬧的孩子開始摔東西，討好的孩子成績愈來愈優秀，悶不作聲的孩子整天關在房間不出來。

再激烈一點，哭鬧的孩子對家人大吼，在外結交那些「會反抗」的其他孩子，因為要壯大聲勢，不是要回家打父母，而是保護心中脆弱無力的自我。

討好的孩子一路往上爬，但也質疑是否再怎麼努力都無效，認定自我是不夠好的，從自卑演變成憂鬱。

悶不作聲的孩子連學校也不去了，現實中沒有朋友，心底的悲傷無處發洩，變成往內憎惡自我而傷害自我，或往外轉為憤怒而無差別傷人。

長大後，極度需要被重視的渴求在人際間重複上演，特別是與伴侶的相處。伴侶關係中，就算他「沒有被拒絕」，也「覺得會被拒絕」，而去「尋找可能被拒絕的蛛絲馬跡」。例如傳送的某一句訊息沒被回覆（對方是無心的）、說好晚上一同吃飯卻臨時爽約（對方真的臨時有事）、出差回來發現有異性的簡訊（內容是業務討論），都會使他想起被父母拒絕的感受，導致憤怒、哀傷、更沒自信，於是使用過去熟悉的討愛行為，試圖在這段關係中贏回從小沒得到的愛。

但這種行為模式終究會引起伴侶的不滿。當伴侶產生負面情緒，他更「驗證了自己會被拒絕」，因此討愛的行為更加激烈。他把被父母拒絕的創傷徹底掀開，他面對的不是伴侶，而是過去沒有看見他的父母。同樣的，他也不是現在的這個他，彷彿變回過去仍是小小孩的他，激烈地哭鬧著。

從小被拒絕久了，長大後伴侶的拒絕就不只是一起單純事件，而是童年的陰影再次浮現。伴侶在他眼中並不只是伴侶，更是仍有心結、象徵性的父母。他開始對伴侶討愛，得不到就更激烈，再得不到的話，童年創傷激發出產生更大的情緒，足以粉碎家中一切可粉碎之物，對關係做出具有毀滅性的行為，產生以下的惡性循環（如下頁「惡性循環1」）。

根據上述的情緒炸裂時刻，你可以描繪出自己的行為如何產生惡性循環（如下頁「惡性循環2」）。

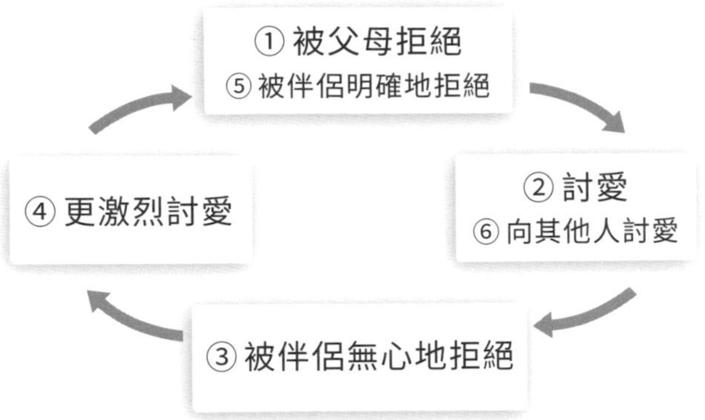
①被父母拒絕
⑤被伴侶明確地拒絕
②討愛
⑥向其他人討愛
③被伴侶無心地拒絕
④更激烈討愛

惡性循環 1

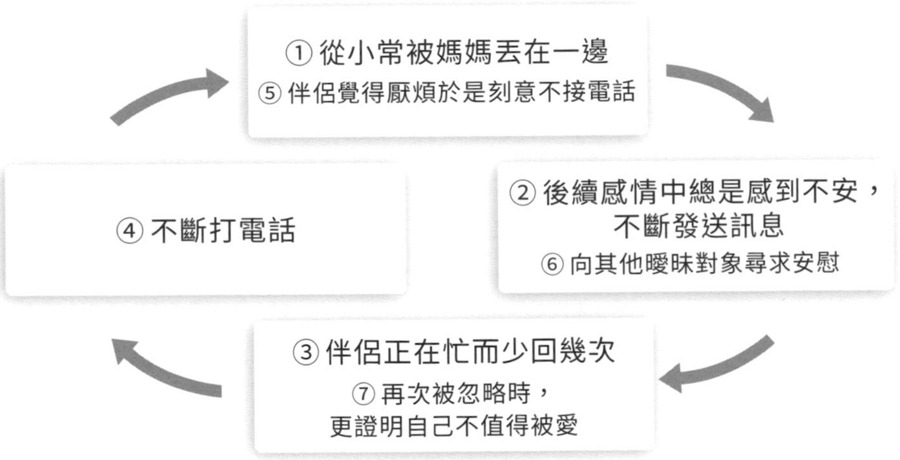
①從小常被媽媽丟在一邊
⑤伴侶覺得厭煩於是刻意不接電話
②後續感情中總是感到不安，
不斷發送訊息
⑥向其他曖昧對象尋求安慰
③伴侶正在忙而少回幾次
⑦再次被忽略時，
更證明自己不值得被愛
④不斷打電話

惡性循環 2

描繪惡性循環的原因，主要是讓自己意識到：

- 愛情關係如何變得不好？
- 破壞關係的循環可以從何處打斷？
- 童年創傷如何浮現？

探索童年是一種根源性的處理方式，盡量記錄下引發激烈情緒與行為的人事物，可能是某個畫面、聲音、味道，找到觸發焦慮的原因，不再讓過去的陰影跳出來影響自己的情緒和兩人的關係。

也許負面循環有很多個，消解循環的過程也不會太迅速，畢竟是累積了幾十年的心結與感受，但也唯有願意走上這條轉變人格的漫漫長路，才可能有效緩解。

期待他人的過度滿足，只是一項超出自我掌控的替代品。唯有理解創傷如何出現，並做出有意識的轉變，才能真正出於自願地愛人與被愛。童年的創傷，也才逐漸不再重現。

畫下你關係中的惡性循環

PRACTICE 3

你是否檢視過，「愛」的漂流路徑？

從小，如果父母正面積極，適時給予關心與認可，長大後，我們也會喜歡跟有安全感、溫暖、能充分尊重自己和他人的人在一起。因為那些令人焦慮、冷漠、需要強烈關注的人並不是我們「愛」的模式，也不習慣被情緒綁架，會主動避開這些令人不舒服的關係。

但假如父母負面消極、總是忽略或過度依賴，長大後我們也會習慣和情緒綁在一起。當遇到這樣的人，我們會感到「正常」，好像這才是「愛」的形式，反而不習慣和正面的人在一起。長期處在情緒化的環境，痛苦才是令我們安心的熟悉感。

這些不是「主動」的選擇，而是鑲嵌在潛意識中，慢慢奠定下來的思考與感受習慣。

如同欣宜，隨時擔心對方是否滿意，且要找到能夠付出的地方，才能吸引她，因為從小就感受到這樣才會被愛。但對她來說，自己永遠不夠好，所以不斷檢討自己，也把能夠給予的統統給出去，但當得不到同等的回報，更覺得自己沒用，付出更多時反而讓對方厭惡，所以每一段關係都以自卑自憐收場：

沒得到爸爸關注而自我嫌棄 ⬇ 對交往六年的男友不斷付出 ⬇ 對宗勳不斷付出金錢 ⬇ 對志傑不斷付出等待 ⬇ 意識到自己不停付出的行為不對勁，尋求專業協助。

也如同宗勳，枯坐在那裡等待著被救援，而真的有人願意為自己付出這麼多的時候，才能感受到愛。但對他來說，卻永遠感到不夠，因為從小處於心靈匱乏的狀態，對方再怎麼付出，他始終都會失望，所以每一段關係都以憤怒和空洞收場：

沒有得到爸媽足夠的愛 ⬇ 向欣宜無限制地索取 ⬇ 向允紋無限制地索取 ⬇ 仍在討愛的惡性循環中。

又如同芹萱，曾經起身找尋愛情，想要用愛情來改變生活，但又在好幾段愛情中失望，轉為不相信愛情。每一次的分手都令她失望，卻又總是想要有個依靠，所以輾轉換伴，停不下來：

思念與爸爸的美好生活⬇在崇豪身上得到美好的幻想⬇混亂地有愛就抓⬇在志傑身上找到爸爸的影子⬇轉為逃避，在允紋身上感到不用再被愛情所苦的自在⬇終究渴望愛情，再度回到與自己不適合的志傑身上索取。

上述簡略排列出三位主角的愛情史，可以看出他們在每段感情中都有些共通點，也是這些原因讓愛情不斷受到挫折。

引發創傷的原因也不只童年，一部分可能是後來造成的。但也有另一大部分是童年創傷的後續發展使愛情關係更加不順遂。換句話說，童年創傷是個導火線，只是在後續的關係中被引燃爆炸。無論如何，如果造成現在伴侶關係的不順遂，你可以檢視自己如何從有安全感變成沒安全感、從自我尊重變成自我貶低、從能夠滿足變成總是匱乏，看看生命中每個片段，心中的「愛」是如何慢慢被消磨殆盡，取而代之的負面情緒又是如何被點燃。

現在問問自己，你的愛情是如何演變的呢？

檢視你的「愛的路徑」

PRACTICE 4

每段關係中，你總是感受到什麼情緒？

我們出生後，父母就是我們的全世界，因為他們會餵養、照顧、保護我們，提供生理和心理需求的滿足。孩子內心的世界會想像父母等同於自己，因為孩子還無法區分「你」和「我」，以為父母就是自己的一部分，想要什麼都可以直接實現，認為自己是最厲害最偉大的人，這是孩童自戀期的正常發展。

直到有一天，父母要求孩子開始做自己、保護自己、照顧自己，孩子的內心會體悟到「我和爸媽是不同的個體」，因此產生害怕、孤單、不被承接的感受，這也是孩子與父母分離而獨立的開始。這對孩子而言是一份巨大的恐懼，代表原本熟悉、全能、備受關愛的世界要崩塌了，感受到強烈的不安、不信任。但是，如果父母提供足夠的支持和鼓勵，就能感到安心、保留信任。

所以這時最重要的是父母如何回應我們的「情緒」。特別框出情緒兩個字是因為許多現代人過度理性，但我們都能感受到在理性底下，有一股情緒正在騷動著，也知道情緒的作用極大，卻不願意進入情緒的領域做討論。這可能是因為過往沒有被好好回應這份情緒，甚至被教導情緒是不重要的，或一有情緒就被斥責嚇阻，長大後便不敢再有情緒。

但，**沒有情緒反而是最有情緒的時刻**。因為被嚇傻了，只好硬是將自己抽離，並保持這種習慣十幾年到數十年，也成為感情、人際、職場問題中的核心原因。這些習慣幾乎都是從最初的人際互動，也就是父母或主要照顧者身上學習而來，這也是諮商中總是談及過往經驗的原因。

所以現在，接續上述的漂流路徑，你可以嘗試辨認出，從成長過程到每一段伴侶關係中各別主要的情緒感受是哪些嗎？以芊萱為例，你可以看到受難者總是在極端的快樂與痛苦、愛與恨、希望與絕望間擺盪：

思念與爸爸的美好生活（快樂、難過）⬇在崇豪身上得到美好的幻想（興奮、悲傷）⬇混亂地有愛就抓（空虛、痛苦）⬇在志傑身上找到爸爸的影子（興奮、難過）⬇

轉為逃避，在允紋身上感到不用再被愛情所苦的自在（自在、被忽略）⬇終究渴望愛情，再度回到與自己不適合的志傑身上索取（興奮、空虛）。

回憶你每段關係中的情緒感受

PRACTICE 5

你面對父母和伴侶時，有哪些相似之處？

類似的情緒會找到類似的關係，因為我們經常不是依靠理智找伴侶，而是直覺。但這份直覺其實就是過往熟悉的情緒感受。同時，這份直覺也是父母當初回應我們所需的方式。

回想父母是會持續幫自己做完所有事情？還是適度讓自己嘗試不同的可能？或是完全撒手不管？

如果父母替自己做完所有事情，成為過度保護的話，還是小小孩的我們一方面很難走出正常的自戀期，心想「我的所有要求都能被完成，我是最好的」，產生一股自大的感受，容易形成嚴重的依賴；另一方面卻也在需要有自己的空間時，因為父母不肯放手，而造成另一股埋怨。所謂的「媽寶」就是孩子和母親之間沒有界線，兩人的情緒融合在一起，即使孩子不喜歡，都因母親的言行舉止而受到控制。這看似一種照顧，但其實是一種控制，表示孩子被迫符合父母的期待，只能照著父母認為「好」的路，才會得到父母的愛，孩子也容易感受到疏離與否定。

如果父母完全不理睬或否定自己的需求，孩子會覺得被父母拋棄了，產生「我不夠好」的自卑感與「沒有人要我」的寂寞感。可能會做得很多，努力讓父母看見「完美的孩子」，試圖贏回父母的愛。或是反過來拋棄父母，就此將情感阻隔在外。但孩子不可能不需要關注與愛，只是當時並不清楚自己的心理需求，所以可能透過叛逆離家，找到同樣缺乏愛的孩子，用著各種刺激新鮮的方式，像是抽菸、吸毒、飆車，讓自己還能被這些刺激引發情感，重新感受被阻隔的自我存在感。

所謂父母適度的回應與照顧，指的是不斷鼓勵孩子去冒險，同時又讓孩子知道：**「我會永遠在你身邊支持你，只要累了、餓了、受傷了都可以回到這裡。」**這需要在「抓住」與「放手」之間取得平衡。許多孩子最初無法感受到這份平衡，可能是被過度保護或過度否定，所以沒有得到需要的鼓勵和勇氣，導致獨立失敗，在往後不斷尋找當初沒有得到的愛。這也是不安的最初來源，因為從未體驗過安全，沒有被支持與信任的經驗，也就容易懷著大量的自卑感和畏縮感。

我們始終都期待這份愛能夠歸復，只是，孩子很難重新找回這份愛。即使長大後父母道歉了，但不曉得如何彌補，大多帶著一種無能為力的感受，我們反而因此感到強烈的罪惡感，更覺得是自己不好，不敢再向父母要求，於是彼此變得更加疏離，也永遠要到外面強迫找尋失去的愛。

成長過程中沒有得到的這份愛，總會轉移到愛情，在潛意識中默默找尋父母的身影。只要沒有被滿足，就會更嚴格要求伴侶，需要更大量的愛填補內心的空缺。因此，找到的伴侶也會是過度關注、過度控制、極度自戀，因為那樣才能得到滿滿的關注與在乎。

寫到這邊，或許你能明顯看出，這也是感情中惡性循環的開始。有些人成了不斷付出和討好的拯救者，有些人成了感到被拋棄的受難者，有些人成了拒絕心理接觸的逃避者。

你可以重新檢視這份愛情流轉的過程，分析父母和你相處的方式，如何複製到伴侶和你相處的方式？通常會有一種主要的模式，搭配其他次要的幾種模式。

⬇ 欣宜當初在親子關係中被爸爸忽略，讓她想要討好爸爸，卻又屢屢失敗，往後在伴侶關係中也不斷討好和付出，雖然和不同伴侶相處，方式不一樣，但都是持續過度付出。

➡欣宜因為沒有媽媽而自卑，總覺得缺少了些東西會被嘲笑，這讓當初小小孩的她覺得要努力證明自己，尤其在人際關係中維持得很好，甚至和伴侶相處也很完整，而非少了媽媽自己就沒辦法去愛。

➡欣宜以前看爸爸常和不同女人在一起，雖然心有不甘但也不敢多說什麼，後來和第二任男友交往時被劈腿好幾次，她都覺得應該要原諒，後來和志傑交往，也覺得他若有其他關係需求就去吧，自己可以忍。

⬇ 梳理你在父母關係和伴侶關係中的相似之處

PRACTICE 6

你可以為「關係」做些什麼？

看完了不同類型的伴侶關係、童年成長背景，也分析了和父母的關係、和伴侶的關係，以及兩者的相似性對自己的影響後，終究要回到現在的伴侶關係中，思考下一步。

這段關係裡，無論你是哪一方，只要其中一方痛苦，另一方肯定也不好受，卻又有些讓你想要待在關係中的誘因。只是，對方極端的情緒、自私的想法、無情的行為都令你不屑，甚至對方有暴力傾向出現，使你的身體和心理都極為受傷，這時，**你可以容忍的底線到哪裡？**

對方的確有可憐之處，外人聽到也會露出同情的眼神，但你知道這樣下去不行，**你們有溝通過嗎？**

你有被愛的需求，被抱在懷中的溫暖是你在世界上最珍惜的時刻，也或許是你活下去的動力。你也需要有個人為你付出，看見你的好，證明自己不是那麼差，以撿回破碎的自尊。但你的情緒震盪愈來愈劇烈，這段關係明顯走不下去，絕大多數時候只剩下傷害和眼淚。因此，**你可以先離開對方幾天，讓自己冷靜思考嗎？**

這些不是立即要回答的問題。我的文字只是讓你重新思考自己的情感，多納入一些正反面的想法。

有些狀況需要立即離開，比如若持續接觸，你的情緒崩潰到想傷害自己、有危害生命安全的暴力、可能成為嚴重違法的共謀等。但更多人可能是因為對方酗酒、惡言相向、金錢糾紛、不斷外遇，仍在考慮是否要離開，畢竟離開後可能會陷入萬籟俱寂的孤單，因此寧願待在感情中痛苦，也不要感受到那份孤單的恐懼。

但你仍能為自己列出具體的底線，倘若真的發生某些事件，就是你不能再接受的，比方對方再次被抓姦在床、在孩子面前飆罵髒話、冷戰兩週以上等等。更重要的是，**你必須讓對方知道你的底線，也必須遵守你的底線**。因為一旦超過了，也是你無法再負荷的時候，你可能會比他先崩潰，這是你還能保護自己的方法。

而在過程中，假如真的不行了，也必須想好「如何退場」與「退場時機」，強烈建議與你的心理師討論。多數人難以做到直接不聯絡，但你可以思考，如何慢慢在生活中和內心裡，習慣沒有對方的存在，重新建立自己的生活。

同樣重要的是，提出分開的當下或往後幾天，自己或對方可能會出現各種軟硬威脅，那時候可以如何應對？唯一不變的原則是，若當下有生命危險，請報警處理，畢竟沒有人能夠承受一條生命的重量。

對於家庭關係也一樣，你的底線在哪裡？你們是否認真溝通協調過？真的無法相處時，能想好退場機制，讓自己先離開嗎？

把關係安頓好之後，才有心力放回自己身上，重新觀照自我。

思考你可以為「關係」做的事

PRACTICE 7

你可以為「自己」做些什麼？

處理完和他人的關係後，終究要回到自己身上，這是花費時間最久，卻也最值得的部分。

1. 平靜心靈

讓心情平復，是最重要的第一步。只要情緒還很強烈，再有道理的話都聽不進去，也做不出任何有建設性的行為。散散步、盯著大海放空，都有助於回到心靈內部，不受到外在干擾。

反過來說，比較不建議一般常用的聽音樂、看影集，因為這些內容大都具有高度的情緒性，容易影響你的情緒，或直接掩蓋過你的情緒，那麼情緒只是被壓下來，某些時刻又容易爆發。

如果想要進一步練習平靜心靈，可以透過規律的腹式呼吸，搭配正念冥想，或其他對你而言能夠平靜的方式。

2. 了解創傷

處在平靜的狀態，才能理性客觀地看待自我的種種經歷。可以透過仔細回想與寫下前面的練習，能夠對自己有更多的了解。

了解自己的創傷與影響，了解重要他人對自己的影響，了解這些人的影響會在哪些時候冒出來？包含每一任情人或曖昧對象，不論有沒有在一起，他們讓你養成什麼習慣、想要彌補什麼缺憾？甚至再往回推一些，回到老家走走，喚醒回憶中的家庭時光。這是使你了解過去經驗如何影響現在感情的重要聯想。

在感情中受傷後，我們常有一種破碎感，突然間不曉得自己是誰、未來還有什麼、過去也被懷疑。這份了解能讓你對自己重新握有掌控感，不再輕易迷失。

3. 自由書寫

不同於上述需要寫出重要他人或負面情緒等特定事情，自由書寫是「想到什麼寫什麼」。這個過程可以把腦中的情緒和思考統統打撈起來，讓自我靠岸。

自由書寫的文字，每次寫出來的可能都不一樣，可能都是解答，也可能都不是，更準確地說，它們都是你的一部分，從來沒有所謂的正確解答，只有在不斷了解自己的過程中，不再對解答執著，能夠自在而不被回憶綁住。這需要花上一段時間。

獨處的時候、回家的時候、沒有安全感的時候、要重新面對伴侶的時候，都可以自由書寫，釋放情緒、整理思緒，也能重新找回內在的創造力。

以下提供兩種自由書寫的範例，讓你更知道如何下筆：

① 無結構的寫：腦海中出現什麼就寫什麼，不管任何邏輯

【範例】

我們分享生活的頻率變好少，倒也不是說沒有講話或很少講電話，但那種親密的感覺就是變少了，好像你要跟朋友出去玩比我還重要，有我沒我都沒差。

你一個人能夠玩得很開心，和別人，不是和我，我被忽視了，好像先前做的努力都白費了，但如果你要求我做些什麼我還是會照做。

好悲哀。你跟我道歉，希望我懂你，我也覺得我真的懂。我太愛你了，不管你做什麼我都還是會原諒。我也真的把這一切當作小事，小到不足以花費太多時間討論，好像花了太多時間變成我小題大作，是我，是我，是我把這些看得太重嗎？還是這一切真的很重要？

②有結構的寫：給自己的狀態3個形容詞，並描述意思

【範例】

我的心情是**打結的**、**緊繃的**、**沉重的**，代表什麼意思？

「打結的」代表我心中有兩個東西緊密依靠著，不斷地旋轉，很快速，看到它們黏在一起，有時候是強力膠那種連結，讓它們離不開彼此，我想讓它們分開，但分開後就剩下一顆，那好像我，好孤獨。但如果不分開，又覺得好痛苦。另一顆似乎不是你，因為沒有你的時候我也是這種感受，那另一顆是什麼？家？前任？不知道。

「緊繃的」代表我的身體狀態持續很久一段時間了，沒有心靈交流時，我會變得緊

繃，那代表什麼？我的想法、我的人格、我的情緒、我的行為不被接受，我不是一個有價值的人，平凡到我都看不起自己。我的想法不會被聽見，我不會被看見，想要被看見是我的問題，我一直追求的就是被認同。緊繃說的是，我不被看見聽見的焦慮。

「沉重的」是我的現在的心境，想到我需要面對分手的苦痛期、接下來要在臺中待上三個月的寂寞，還要認識新的人再一次花費大量心力的磨合，不知道遇不遇得到也愛我的人，或許還混合了一些即將要搬家的未知生活的焦慮，這麼多事情，所以好沉重。

每隔一段時間，你可以重新觀看自己的文字，也許會發現有些疑問已經有了新的想法，也或許會有更多新的疑問跑出來，這些都很正常。你可以持續寫，持續回頭反思，你會對自己更有所覺察。

4. 有意識地挑選，停止複製

極度渴望愛的人，大都混合著多種類型的執著，這些形成了我們目前的人格特質，而人格的轉變一般需要三到五年的時間，甚至更久，因為人格的養成是從出生那刻起，直到有意識要改變，最少也有十幾年到幾十年的時間了。

但不用因此氣餒，因為有所覺察、願意了解，就能有所改變。

你知道自己還是某種類型的人，但漸漸不再因為特定情緒或事件產生劇烈反應，最後與它和平共處。即使還是可能掉回去，也很正常，因為沒有一個人能隨時保持在最穩定的狀態，隨著對自己的了解愈來愈多，掉回去時的反應也不會再像過往那麼大。你會變得更有覺察，更知道自己在做什麼，不再被感覺和衝動所控制。

透過以下的練習，整理你的愛情關係，下次挑選人的時候，更能有意識地了解自己的渴望，避免重複過往的關係。

- **曾經和哪類型的人在一起／曖昧？**

年紀、性格、感覺、外貌……

- **交往型態？**

自己付出較多、對方付出較多、總是黏在一起、總是保持距離……

- **你和對方用什麼方式處理紛爭？**

冷戰、大吵大鬧、嘲諷、假裝沒問題……

- **如何分手？**

拖延到冷卻、你或對方直接提出、劈腿被發現、被他人勸離……

● 分手後處遇？

全面封鎖、維持朋友關係、仍有性行為、復合又分手數次……

你會發現歷來交往過的伴侶是多麼驚人的相似，也才能提前有所警覺，了解如何做出改變。

比方說，你發現學生時期和出社會後交往的對象即使有些差距，但共通點都是很有能力，都是有一點花心，都是生活多采多姿的人，因為剛好可以彌補自己生活的空虛。或是，對方大都很欽佩你，你很需要他的掌聲，因為生活中很少人看見你的成就和分享喜悅；又或是，分手後都還很需要對方，所以保持著肉體關係的溫存。

這些並沒有絕對的好或不好，相反的，知道自己需要什麼，才可能展開理想的生活，走向一份健康滿意的關係。

愛是一種選擇。儘管下次看到更吸引你的對象，但你仍決定和目前的伴侶再一起努力試試，不像以前一樣很快就吵架、哭鬧、提分手，而是好好經營這段關係，就是很大的進步了。

5. 持續溝通，抱有合理的期待

倘若是沒伴侶的狀態，可以持續與自己溝通，透過書寫和冥想的方式，更了解自己的內在。

倘若是有伴侶的狀態，保持理性的溝通，並多注意哪些時候情緒會升上來，做出像是過往的討好、憤怒、自卑等情緒化行為，當有這些狀況，暫時離開現場，好好告訴對方自己需要暫時冷靜，也許晚上或明天再談這些事情。冷靜過後，也要向伴侶說明發生了哪些事情，之後可以如何協助自己。這不僅是讓自己負起責任，不像過去一樣關係又崩壞，也令伴侶有安全感，了解你們之間可以如何相處。

同時，對自己和伴侶都要有著合理的期待，也就是理解「現實」究竟長什麼樣子，量力而為。感情終究會趨向平淡，這是你能接受的嗎？在平淡中會以另一種形式重新讓兩人結合，發現更多獨特的兩人關係、培養默契、擁有替對方著想與溝通的和諧感，使兩人更為緊密。這時候的感情會轉變為：「**雖然身旁的人吸引我，但還是覺得我們才是最契合的。**」這句話同樣想表達的是：「**我不會輕易離開你。**」

這是感情昇華的時刻，也是「決定」去愛一個人的時刻。因為有過磨合，更知道如何相處，也因為願意磨合，相處會更有安全感與信任感。

思考你可以為自己做的事

CONCLUSION

結語——把「愛」放回自己身上

當我們把所有期待放在伴侶身上，但伴侶沒有做到，不僅僅是失望於「伴侶沒做到」，更大一部分是感到「自己內心缺乏愛」，失落感會更加強烈。

反過來說，許多心理書籍會告訴你，要懂得自給自足，不要期待對方滿足你，愛要完全從自己身上產出。這的確是一種很棒的狀態，兩人的結合不是因為缺乏，而是真心以愛相待。但這種形式的愛太過理想，可以說只存在於「理論」上。

我想說的不是「除非你先愛自己，否則沒有人會愛你」，或是「除非你先付出，否則別妄想有結果」，這兩種狀態同樣是在創造一種非黑即白的解答。人的情感並非那麼武斷，找人來愛也可能是一種愛自己的方法，端看你是否知道自己正在做什麼。

一份成熟踏實的情感是：「我希望你能夠愛我，而我也會持續愛我自己。」我們會對重要的人抱有期待，也知道對方偶爾會令我們失望，但我們還是愛他／她。就如同我們會照顧自己，卻也知道偶爾沒辦法只靠自己，但我們還是會疼愛自己。

愛自己是能夠「讓心自由」，不再執著於某項事物而嚴重受傷。

比如說，分手本來就會難過，但你不讓自己難過，反而想趕緊振作起來。這時，你能夠稍微放過自己嗎？

或是，母親對孩子本來就會有所要求，但你為了符合母親的期待而犧牲自己大把的時間。這時，你能夠鬆綁那些期待嗎？

又或是，工作本來就是辛苦的，但你為了賺到更多錢而沒日沒夜地工作，最後累垮自己。這時，你能夠調整休息的比例嗎？

這些情況下，自我變得好渺小。別人的眼光、母親的期待、金錢的價值，巨大到要把自己壓垮了。

愛自己指的是，自我與他人是同等程度的大小。

我相信我們不是一出生就變得渺小，我們都是被社會馴化的產物，當周遭重要的人到整個社會都是充滿要求的氛圍，我們也會從不甘願被規範走到自我斥責。慢慢的，覺得自己不好，也不敢再重視自己，並壓縮在某個陰暗的角落裡。

同樣的，就連我告訴你要「讓心自由」這件事情，都像是進入你腦中的一項「要求」，若還不是你真心想做和能夠做到的事情，就不該被此綁住。我會這麼說，是為了不讓你在那些「沒能夠愛自己」的時刻自卑與自責。這是個需要長時間轉化的過程，也需要不斷沉澱思考與釋放情緒。

愛自己也是重新專注回自己的思考和感受的過程，並了解是否讓自己和他人都舒適自在。一段關係不可能總是完全讓自己或對方舒適，所以才需要重新磨合出最適合彼此相處的方法。假若只專注在「不讓對方難受」，那麼仍在討好其他人，透過表面的和平來填補心裡的洞，終究會失去自己；相反的，假若只專注在「能夠滿足自己」，那麼就容易忽略他人的需求，不容易建立起平等健康的關係。

簡言之，愛自己並不如想像中簡單，絕對不只是聽聽音樂或看場電影，它包含了更廣泛的自我認識。也正因為沒有明確定義關於「什麼是愛自己」，不難想像許多人將愛自己簡化成「做某些事情就對了」的答案。甚至有些人嘲笑愛自己的口號，認為只是一種空泛的說詞，這可能來自於嘲笑者也不知道如何愛自己，才需要貶低愛自己的價值，防止被無能善待自己的痛苦時刻給擊倒。

愛自己極為重要的原因不只是讓自己滿足，也能讓你在伴侶關係中得到滿足。

因為不愛自己的人，無法從對方身上得到滿足，也認定對方不會得到滿足，於是迫使自己不停付出，卻又感到無力滿足對方，陷入深深的自卑，反而更無法愛自己，覺得這段關係很辛苦。

但我也想說的是，誰沒有不愛自己過、誰沒有愛錯過、誰沒有懊悔失落過呢？**愛自己就是，別把你生命中重要的人事時地物遺忘，不論它們曾經是好是壞。**

很難，我知道。但因為那些重要的事物才成就了現在的你。如果你因為它們而曾經過得很好，我很替你感到開心，你似乎體驗到真正的愛。如果你因為它們而過得不好，請找個你非常信任的人，把這些不好說出口。把對它們的想念或痛恨，狠狠哭過幾場，可以給你一些支持與希望，勇敢面對留了傷疤的自己。

我們都在學著適應這個世界，適應那些讓我們過得好與不好的人。他們會令我們如此想念，也是因為那些美好與值得珍惜的部分。他們在記憶中被轉變、深化。如果說，回憶中的愛情總是難以忘懷，那麼，請保存這些回憶，你會更明白往後什麼是自己真正想要的幸福。

人一旦慢慢長大，對激情就不是那麼著迷了，對慾望也沒那麼渴求了；想要的是一份陪伴、一份理解、一個能想像的美好世界。愛情不再是意亂情迷，而是意願問題。也就是，我們真的下定決心，弄清楚自己想要的是什麼，並清楚愛上眼前這個人的原因。當那些模糊的視線變得清晰，就看得到自己成長的軌跡，也看得到未來，明白這一路走來的價值與意義。

人生總是要愛過幾個人，又錯過幾個人，才肯真心牽起另一個人的手，思考永恆。

為什麼我們總是愛錯？：
梳理你的原生家庭，走出鬼打牆的愛情

作者　莊博安
主編　陳子逸
設計　許紘維
特約行銷　劉妮瑋

發行人　王榮文
出版發行　遠流出版事業股份有限公司
100 臺北市南昌路二段 81 號 6 樓
電話／(02) 2392-6899
傳真／(02) 2392-6658
劃撥／0189456-1
著作權顧問　蕭雄淋律師

初版一刷　2020 年 12 月 1 日
定價　新臺幣 350 元
ISBN　978-957-32-8901-2

遠流博識網 www.ylib.com

國家圖書館出版品預行編目（CIP）資料

為什麼我們總是愛錯？：梳理你的原生家庭，走出鬼打牆的愛情
莊博安 著
初版；臺北市；遠流；2020.12
272 面；14.8 × 21 公分
ISBN：978-957-32-8901-2（平裝）

1. 兩性關係　2. 家庭　3. 心理諮商

544.7　　109016642